GÂTEAUX 2021

RECETTES POUR LES DÉBUTANTS

LISA GARCIA

Table des matières

Gâteau aux pêches

Donne un gâteau de 23 cm/9 po

100 g/4 oz/½ tasse de beurre ou de margarine, ramolli

225 g/8 oz/1 tasse de sucre en poudre (superfin)

3 œufs, séparés

450 g/1 lb/4 tasses de farine ordinaire (tout usage)

Une pincée de sel

5 ml/1 cuillère à café de bicarbonate de soude (bicarbonate de soude)

120 ml/4 fl oz/½ tasse de lait

225 g/8 oz/2/3 tasse de confiture de pêches (conserver)

Crémer ensemble le beurre ou la margarine et le sucre. Incorporer progressivement les jaunes d'œufs, puis incorporer la farine et le sel. Mélanger le bicarbonate de soude avec le lait, puis incorporer au mélange à gâteau, suivi de la confiture. Battre les blancs d'œufs en neige ferme, puis les incorporer au mélange. Répartir dans deux moules à gâteaux (moules) graissés et tapissés de 23 cm/9 et cuire au four préchauffé à 180°C/350°F/thermostat 4 pendant 25 minutes jusqu'à ce qu'ils soient bien gonflés et souples au toucher.

Gâteau à l'orange et au marsala

Donne un gâteau de 23 cm/9 po

175 g/6 oz/1 tasse de raisins secs (raisins dorés)

120 ml/4 fl oz/½ tasse Marsala

175 g/6 oz/¾ tasse de beurre ou de margarine, ramolli

100 g/4 oz/½ tasse de cassonade molle

225 g/8 oz/1 tasse de sucre en poudre (superfin)

3 œufs, légèrement battus

Le zeste d'une orange finement râpé

5 ml/1 cuillère à café d'eau de fleur d'oranger

275 g/10 oz/2½ tasses de farine ordinaire (tout usage)

10 ml/2 cuillères à café de bicarbonate de soude (bicarbonate de soude)

Une pincée de sel

375 ml/13 fl oz/1½ tasses de babeurre

Glaçage à la liqueur d'orange

Faire tremper les raisins secs dans le Marsala pendant la nuit. Crémer ensemble le beurre ou la margarine et les sucres jusqu'à consistance légère et mousseuse. Incorporer progressivement les œufs, puis incorporer le zeste d'orange et l'eau de fleur d'oranger. Incorporer la farine, le bicarbonate de soude et le sel en alternance avec le babeurre. Incorporer les raisins secs trempés et le Marsala. Répartir dans deux moules à gâteaux (moules) graissés et tapissés de 23 cm et cuire au four préchauffé à 180°C/350°F/thermostat 4 pendant 35 minutes jusqu'à ce qu'ils soient souples au toucher et commencent à rétrécir des côtés des boîtes. Laisser refroidir 10 minutes dans les moules avant de démouler sur une grille pour terminer le refroidissement.

Sandwich les gâteaux avec la moitié du glaçage à la liqueur d'orange, puis étaler le glaçage restant sur le dessus.

Gâteau aux pêches et aux poires

Donne un gâteau de 23 cm/9 po

175 g/6 oz/¾ tasse de beurre ou de margarine, ramolli

150 g/5 oz/2/3 tasse de sucre en poudre (superfin)

2 œufs, légèrement battus

75 g/3 oz/¾ tasse de farine complète (de blé entier)

75 g/3 oz/¾ tasse de farine ordinaire (tout usage)

10 ml/2 cuillères à café de levure chimique

15 ml/1 cuillère à soupe de lait

2 pêches, dénoyautées (dénoyautées), pelées et hachées

2 poires, pelées, épépinées et hachées

30 ml/2 cuillères à soupe de sucre à glacer (à confiserie), tamisé

Crémer ensemble le beurre ou la margarine et le sucre jusqu'à consistance légère et mousseuse. Incorporer progressivement les œufs, puis incorporer les farines et la levure chimique, en ajoutant le lait pour donner au mélange une consistance de goutte. Incorporer les pêches et les poires. Verser le mélange dans un moule à gâteau (moule) graissé et tapissé de 23 cm/9 et cuire au four préchauffé à 190°C/375°F/thermostat 5 pendant 1 heure jusqu'à ce qu'il soit bien gonflé et souple au toucher. Laisser refroidir 10 minutes dans le moule avant de démouler sur une grille pour terminer le refroidissement. Saupoudrer de sucre glace avant de servir.

Gâteau moelleux à l'ananas

Donne un gâteau de 20 cm/8 po

100 g/4 oz/½ tasse de beurre ou de margarine

350 g/12 oz/2 tasses de fruits séchés mélangés (mélange à gâteau aux fruits)

225 g/8 oz/1 tasse de cassonade molle

5 ml/1 c. à thé d'épices moulues (tarte aux pommes)

5 ml/1 cuillère à café de bicarbonate de soude (bicarbonate de soude)

425 g/15 oz/1 grande boîte d'ananas écrasé non sucré, égoutté

225 g/8 oz/2 tasses de farine auto-levante (auto-levante)

2 œufs battus

Mettre tous les ingrédients sauf la farine et les œufs dans une casserole et chauffer doucement jusqu'à ébullition en remuant bien. Faire bouillir régulièrement pendant 3 minutes, puis laisser le mélange refroidir complètement. Incorporer la farine, puis incorporer progressivement les œufs. Versez le mélange dans un moule à gâteau graissé et chemisé de 20 cm/8 po et faites cuire au four préchauffé à 180°C/350°F/thermostat 4 pendant 1h30 à 1h30 jusqu'à ce qu'il soit bien gonflé et ferme au toucher. Laisser refroidir dans le moule.

Gâteau à l'ananas et aux cerises

Donne un gâteau de 20 cm/8 po

100 g/4 oz/½ tasse de beurre ou de margarine, ramolli

100 g/4 oz/1 tasse de sucre en poudre (superfin)

2 œufs battus

225 g/8 oz/2 tasses de farine auto-levante (auto-levante)

2,5 ml/½ cuillère à café de levure chimique

2,5 ml/½ c. à thé de cannelle moulue

175 g/6 oz/1 tasse de raisins secs (raisins dorés)

25 g/1 oz/2 c. à soupe de cerises glacées (confites)

400 g/14 oz/1 grosse boîte d'ananas, égoutté et haché

30 ml/2 cuillères à soupe de brandy ou de rhum

Sucre à glacer (de confiserie), tamisé, pour saupoudrer

Crémer ensemble le beurre ou la margarine et le sucre jusqu'à consistance légère et mousseuse. Incorporer progressivement les œufs, puis incorporer la farine, la levure chimique et la cannelle. Incorporer délicatement le reste des ingrédients. Verser la préparation dans un moule à cake beurré et chemisé de 20 cm/8 po et cuire au four préchauffé à 160°C/325°F/thermostat 3 pendant 1h30 jusqu'à ce qu'un cure-dent inséré au centre en ressorte propre. Laisser refroidir, puis servir saupoudré de sucre glace.

Gâteau à l'ananas du Natal

Donne un gâteau de 23 cm/9 po

50 g/2 oz/¼ tasse de beurre ou de margarine

100 g/4 oz/½ tasse de sucre en poudre (superfin)

1 œuf, légèrement battu

150 g/5 oz/1¼ tasses de farine auto-levante (auto-levante)

Une pincée de sel

120 ml/4 fl oz/½ tasse de lait

Pour la garniture :

100 g d'ananas frais ou en conserve, râpé grossièrement

1 pomme à manger (à dessert), pelée, épépinée et râpée grossièrement

120 ml/4 fl oz/½ tasse de jus d'orange

15 ml/1 cuillère à soupe de jus de citron

100 g/4 oz/½ tasse de sucre en poudre (superfin)

5 ml/1 c. à thé de cannelle moulue

Faire fondre le beurre ou la margarine, puis incorporer le sucre et l'œuf jusqu'à consistance mousseuse. Incorporer la farine et le sel en alternant avec le lait pour faire une pâte. Verser dans un moule à cake graissé et tapissé de 23 cm/9 et cuire au four préchauffé à 180°C/350°F/thermostat 4 pendant 25 minutes jusqu'à ce qu'ils soient dorés et moelleux.

Porter à ébullition tous les ingrédients de la garniture, puis laisser mijoter 10 minutes. Verser sur le gâteau chaud et griller (broil) jusqu'à ce que l'ananas commence à dorer. Refroidir avant de servir tiède ou froid.

Ananas à l'envers

Donne un gâteau de 20 cm/8 po

175 g/6 oz/¾ tasse de beurre ou de margarine, ramolli

175 g/6 oz/¾ tasse de cassonade molle

400 g/14 oz/1 grosse boîte de tranches d'ananas, égouttées et jus réservé

4 cerises glacées (confites), coupées en deux

2 oeufs

100 g/4 oz/1 tasse de farine auto-levante (auto-levante)

Crémer 75 g/3 oz/1/3 tasse de beurre ou de margarine avec 75 g/3 oz/1/3 tasse de sucre jusqu'à consistance légère et mousseuse et étaler sur le fond d'un moule à gâteau graissé de 20 cm/8 po (poêle). Disposer les tranches d'ananas sur le dessus et parsemer de cerises, côté arrondi vers le bas. Crémer ensemble le reste du beurre ou de la margarine et le sucre, puis incorporer progressivement les œufs. Incorporer la farine et 30 ml/2 c. à soupe du jus d'ananas réservé. Verser sur l'ananas et cuire au four préchauffé à 180°C/350°F/thermostat 4 pendant 45 minutes jusqu'à ce qu'il soit ferme au toucher. Laisser refroidir dans le moule pendant 5 minutes, puis retirer délicatement du moule et retourner sur une grille pour refroidir.

Gâteau à l'ananas et aux noix

Donne un gâteau de 23 cm/9 po

225 g/8 oz/1 tasse de beurre ou de margarine, ramolli

225 g/8 oz/1 tasse de sucre en poudre (superfin)

5 œufs

350 g/12 oz/3 tasses de farine ordinaire (tout usage)

100 g/4 oz/1 tasse de noix, hachées grossièrement

100 g/4 oz/2/3 tasse d'ananas glacé (confit), haché

Un peu de lait

Crémer ensemble le beurre ou la margarine et le sucre jusqu'à consistance légère et mousseuse. Incorporer progressivement les œufs, puis incorporer la farine, les noix et l'ananas, en ajoutant juste assez de lait pour donner une consistance de goutte. Verser dans un moule à cake de 23 cm de diamètre beurré et chemisé et cuire au four préchauffé à 150°C/300°F/thermostat 2 pendant 1h30 jusqu'à ce qu'un cure-dent inséré au centre en ressorte propre.

Gâteau aux framboises

Donne un gâteau de 20 cm/8 po

100 g/4 oz/½ tasse de beurre ou de margarine, ramolli

200 g/7 oz/peu 1 tasse de sucre en poudre (superfin)

2 œufs, légèrement battus

250 ml/8 fl oz/1 tasse de crème aigre-douce (laitière)

5 ml/1 cuillère à café d'essence de vanille (extrait)

250 g/9 oz/2¼ tasses de farine ordinaire (tout usage)

5 ml/1 cuillère à café de levure chimique

5 ml/1 cuillère à café de bicarbonate de soude (bicarbonate de soude)

5 ml/1 c. à thé de cacao (chocolat non sucré) en poudre

2,5 ml/½ cuillère à café de sel

100 g de framboises surgelées fraîches ou décongelées

Pour la garniture :

30 ml/2 cuillères à soupe de sucre en poudre (superfin)

5 ml/1 c. à thé de cannelle moulue

Crémer ensemble le beurre ou la margarine et le sucre. Incorporer progressivement les œufs, puis la crème aigre et l'essence de vanille. Incorporer la farine, la levure chimique, le bicarbonate de soude, le cacao et le sel. Incorporer les framboises. Verser dans un moule à cake beurré de 20 cm/8 po. Mélanger le sucre et la cannelle et saupoudrer le dessus du gâteau. Cuire au four préchauffé à 200°C/400°F/thermostat 4 pendant 35 minutes jusqu'à ce qu'ils soient dorés et qu'une pique au centre en ressorte propre. Saupoudrer de sucre mélangé à la cannelle.

Gâteau à la rhubarbe

Donne un gâteau de 20 cm/8 po

225 g/8 oz/2 tasses de farine complète (de blé entier)

10 ml/2 cuillères à café de levure chimique

10 ml/2 c. à thé de cannelle moulue

45 ml/3 cuillères à soupe de miel clair

175 g/6 oz/1 tasse de raisins secs (raisins dorés)

2 oeufs

150 ml/¼ pt/2/3 tasse de lait

225 g/8 oz de rhubarbe, hachée

30 ml/2 cuillères à soupe de sucre demerara

Mélanger tous les ingrédients sauf la rhubarbe et le sucre. Incorporer la rhubarbe et verser dans un moule à cake beurré et fariné de 20 cm/8 po. Saupoudrer de sucre. Cuire au four préchauffé à 180°C/350°F/thermostat 4 pendant 45 minutes jusqu'à consistance ferme. Laisser refroidir 10 minutes dans le moule avant de démouler.

Gâteau au miel et à la rhubarbe

Donne deux gâteaux de 450 g/1 lb

250 g/9 oz/2/3 tasse de miel clair

120 ml/4 fl oz/½ tasse d'huile

1 œuf, légèrement battu

15 ml/1 cuillère à soupe de bicarbonate de soude (bicarbonate de soude)

150 ml/¼ pt/2/3 tasse de yaourt nature

75 ml/5 cuillères à soupe d'eau

350 g/12 oz/3 tasses de farine ordinaire (tout usage)

10 ml/2 cuillères à café de sel

350 g/12 oz de rhubarbe, hachée finement

5 ml/1 cuillère à café d'essence de vanille (extrait)

50 g/2 oz/½ tasse de noix mélangées hachées

Pour la garniture :

75 g/3 oz/1/3 tasse de cassonade molle

5 ml/1 c. à thé de cannelle moulue

15 ml/1 c. à soupe de beurre ou de margarine, fondu

Mélanger le miel et l'huile, puis incorporer l'œuf. Mélanger le bicarbonate de soude dans le yaourt et l'eau jusqu'à dissolution. Mélanger la farine et le sel et ajouter au mélange de miel en alternance avec le yaourt. Incorporer la rhubarbe, l'essence de vanille et les noix. Verser dans deux moules à pain (moules) graissés et chemisés de 450 g/1 lb. Mélanger les ingrédients de la garniture et saupoudrer sur les gâteaux. Cuire au four préchauffé à 160°C/325°F/thermostat 3 pendant 1 heure jusqu'à ce que le dessus soit ferme au toucher et doré. Laisser refroidir dans les moules pendant 10 minutes, puis démouler sur une grille pour terminer le refroidissement.

Gâteau à la betterave

Donne un gâteau de 20 cm/8 po

250 g/9 oz/1¼ tasses de farine ordinaire (tout usage)

15 ml/1 cuillère à soupe de levure chimique

5 ml/1 c. à thé de cannelle moulue

Une pincée de sel

150 ml/8 fl oz/1 tasse d'huile

300 g/11 oz/11/3 tasses de sucre en poudre (superfin)

3 œufs, séparés

150 g/5 oz de betteraves crues, pelées et grossièrement râpées

150 g/5 oz de carottes, grossièrement râpées

100 g/4 oz/1 tasse de noix mélangées hachées

Mélanger la farine, la levure chimique, la cannelle et le sel. Battre dans l'huile et le sucre. Incorporer les jaunes d'œufs, la betterave, les carottes et les noix. Battre les blancs d'œufs en neige ferme, puis les incorporer au mélange à l'aide d'une cuillère en métal. Verser le mélange dans un moule à cake graissé et chemisé de 20 cm/8 po et cuire au four préchauffé à 180°C/350°F/thermostat 4 pendant 1 heure jusqu'à ce qu'il soit élastique au toucher.

Gâteau aux carottes et à la banane

Donne un gâteau de 20 cm/8 po

175 g/6 oz de carottes, râpées

2 bananes, en purée

75 g/3 oz/½ tasse de raisins secs (raisins dorés)

50 g/2 oz/½ tasse de noix mélangées hachées

175 g/6 oz/1½ tasses de farine auto-levante (auto-levante)

5 ml/1 cuillère à café de levure chimique

5 ml/1 c. à thé d'épices moulues (tarte aux pommes)

Jus et zeste râpé d'1 orange

2 œufs battus

75 g/3 oz/1/2 tasse de sucre muscovado léger

100 ml/31/2 fl oz/peu 1/2 tasse d'huile de tournesol

Mélanger tous les ingrédients jusqu'à ce qu'ils soient bien mélangés. Verser dans un moule à cake beurré et chemisé de 20 cm/8 po et cuire au four préchauffé à 180°C/350°F/thermostat 4 pendant 1 heure jusqu'à ce qu'un cure-dent inséré au centre en ressorte propre.

Gâteau aux carottes et aux pommes

Donne un gâteau de 23 cm/9 po

250 g/9 oz/2¼ tasses de farine auto-levante (auto-levante)

5 ml/1 cuillère à café de bicarbonate de soude (bicarbonate de soude)

5 ml/1 c. à thé de cannelle moulue

175 g/6 oz/¾ tasse de cassonade molle

Le zeste d'une orange finement râpé

3 oeufs

200 ml/7 fl oz/peu d'huile 1 tasse

150 g/5 oz de pommes à manger (à dessert), pelées, épépinées et râpées

150 g/5 oz de carottes, râpées

100 g/4 oz/2/3 tasse d'abricots secs prêts-à-manger, hachés

100 g/4 oz/1 tasse de noix de pécan ou de noix, hachées

Mélanger la farine, le bicarbonate de soude et la cannelle, puis incorporer le sucre et le zeste d'orange. Battre les œufs dans l'huile, puis incorporer la pomme, les carottes et les deux tiers des abricots et des noix. Incorporer le mélange de farine et verser dans un moule à cake beurré et chemisé de 23 cm/9 (moule). Parsemer du reste d'abricots et de noix hachés. Cuire au four préchauffé à 180°C/350°F/thermostat 4 pendant 30 minutes jusqu'à ce qu'il soit élastique au toucher. Laisser refroidir un peu dans le moule, puis démouler sur une grille pour finir de refroidir.

Gâteau aux carottes et à la cannelle

Donne un gâteau de 20 cm/8 po

100 g/4 oz/1 tasse de farine complète (de blé entier)

100 g/4 oz/1 tasse de farine ordinaire (tout usage)

15 ml/1 c. à soupe de cannelle moulue

5 ml/1 c. à thé de muscade râpée

10 ml/2 cuillères à café de levure chimique

100 g/4 oz/½ tasse de beurre ou de margarine

100 g/4 oz/1/3 tasse de miel clair

100 g/4 oz/½ tasse de cassonade molle

225 g/8 oz de carottes, râpées

Mélanger les farines, la cannelle, la muscade et la levure dans un bol. Faire fondre le beurre ou la margarine avec le miel et le sucre, puis les incorporer à la farine. Incorporer les carottes et bien mélanger. Verser dans un moule à cake beurré et chemisé de 20 cm/8 po et cuire au four préchauffé à 160°C/325°F/thermostat 3 pendant 1 heure jusqu'à ce qu'un cure-dent inséré au centre en ressorte propre. Laisser refroidir dans le moule pendant 10 minutes, puis démouler sur une grille pour terminer le refroidissement.

Gâteau aux carottes et aux courgettes

Donne un gâteau de 23 cm/9 po

2 oeufs

175 g/6 oz/¾ tasse de cassonade molle

100 g de carottes râpées

50 g de courgettes (courgettes), râpées

75 ml/5 cuillères à soupe d'huile

225 g/8 oz/2 tasses de farine auto-levante (auto-levante)

2,5 ml/½ cuillère à café de levure chimique

5 ml/1 c. à thé d'épices moulues (tarte aux pommes)

Glaçage au fromage

Mélanger les œufs, le sucre, les carottes, les courgettes et l'huile. Incorporer la farine, la poudre à pâte et les épices mélangées et mélanger pour obtenir une pâte lisse. Verser dans un moule à cake beurré et chemisé de 23 cm/9 et cuire au four préchauffé à 180°C/350°F/thermostat 4 pendant 30 minutes jusqu'à ce qu'un cure-dent inséré au centre en ressorte propre. Laisser refroidir, puis tartiner de glaçage au fromage à la crème.

Gâteau aux carottes et au gingembre

Donne un gâteau de 20 cm/8 po

175 g/6 oz/2/3 tasse de beurre ou de margarine

100 g/4 oz/1/3 tasse de sirop doré (maïs léger)

120 ml/4 fl oz/½ tasse d'eau

100 g/4 oz/½ tasse de cassonade molle

150 g/5 oz de carottes, grossièrement râpées

5 ml/1 cuillère à café de bicarbonate de soude (bicarbonate de soude)

200 g/7 oz/1¾ tasses de farine ordinaire (tout usage)

100 g/4 oz/1 tasse de farine auto-levante (auto-levante)

5 ml/1 c. à thé de gingembre moulu

Une pincée de sel

Pour le glaçage (glaçage):

175 g/6 oz/1 tasse de sucre à glacer (pour confiseurs), tamisé

5 ml/1 c. à thé de beurre ou de margarine ramolli

30 ml/2 cuillères à soupe de jus de citron

Faire fondre le beurre ou la margarine avec le sirop, l'eau et le sucre, puis porter à ébullition. Retirer du feu et incorporer les carottes et le bicarbonate de soude. Laisser refroidir. Mélanger les farines, le gingembre et le sel, verser dans un moule à cake de 20 cm/8 po graissé et cuire au four préchauffé à 180°C/350°F/thermostat 4 pendant 45 minutes jusqu'à ce qu'il soit bien levé le toucher. Démoulez et laissez refroidir.

Mélangez le sucre glace avec le beurre ou la margarine et suffisamment de jus de citron pour faire un glaçage à tartiner.

Coupez le gâteau en deux horizontalement, puis utilisez la moitié du glaçage pour prendre le gâteau en sandwich et dressez ou étalez le reste sur le dessus.

Gâteau aux carottes et aux noix

Donne un gâteau de 18 cm/7 po

2 gros œufs, séparés

150 g/5 oz/2/3 tasse de sucre en poudre (superfin)

225 g/8 oz de carottes, râpées

150 g/5 oz/1¼ tasses de noix mélangées hachées

10 ml/2 c. à thé de zeste de citron râpé

50 g/2 oz/½ tasse de farine ordinaire (tout usage)

2,5 ml/½ cuillère à café de levure chimique

Battre ensemble les jaunes d'œufs et le sucre jusqu'à consistance épaisse et crémeuse. Incorporer les carottes, les noix et le zeste de citron, puis incorporer la farine et la levure chimique. Battre les blancs d'œufs jusqu'à ce qu'ils forment des pics mous, puis incorporer au mélange. Former un moule carré graissé de 19 cm/7. Cuire au four préchauffé à 180°C/350°F/thermostat 4 pendant 40 à 45 minutes jusqu'à ce qu'un cure-dent inséré au centre en ressorte propre.

Gâteau aux carottes, à l'orange et aux noix

Donne un gâteau de 20 cm/8 po

100 g/4 oz/½ tasse de beurre ou de margarine, ramolli

100 g/4 oz/½ tasse de cassonade molle

5 ml/1 c. à thé de cannelle moulue

5 ml/1 c. à thé de zeste d'orange râpé

2 œufs, légèrement battus

15 ml/1 cuillère à soupe de jus d'orange

100 g de carottes râpées finement

50 g/2 oz/½ tasse de noix mélangées hachées

225 g/8 oz/2 tasses de farine auto-levante (auto-levante)

5 ml/1 cuillère à café de levure chimique

Crémer ensemble le beurre ou la margarine, le sucre, la cannelle et le zeste d'orange jusqu'à consistance légère et mousseuse. Incorporer progressivement les œufs et le jus d'orange, puis incorporer les carottes, les noix, la farine et la levure. Verser dans un moule à gâteau graissé et chemisé de 20 cm/8 po et cuire au four préchauffé à 180°C/350°F/thermostat 4 pendant 45 minutes jusqu'à ce qu'il soit élastique au toucher.

Cake aux carottes, ananas et noix de coco

Donne un gâteau de 25 cm/10 po

3 oeufs

350 g/12 oz/1½ tasses de sucre en poudre (superfin)

300 ml/½ pt/1¼ tasses d'huile

5 ml/1 cuillère à café d'essence de vanille (extrait)

225 g/8 oz/2 tasses de farine ordinaire (tout usage)

5 ml/1 cuillère à café de bicarbonate de soude (bicarbonate de soude)

10 ml/2 c. à thé de cannelle moulue

5 ml/1 cuillère à café de sel

225 g/8 oz de carottes, râpées

100 g d'ananas en conserve, égouttés et écrasés

100 g/4 oz/1 tasse de noix de coco desséchée (râpée)

100 g/4 oz/1 tasse de noix mélangées hachées

Sucre à glacer (de confiserie), tamisé, pour saupoudrer

Battre ensemble les œufs, le sucre, l'huile et l'essence de vanille. Mélanger la farine, le bicarbonate de soude, la cannelle et le sel et incorporer progressivement au mélange. Incorporer les carottes, l'ananas, la noix de coco et les noix. Verser dans un moule à cake beurré et fariné de 25 cm/10 et cuire au four préchauffé à 160°C/325°F/thermostat 3 pendant 1h30 jusqu'à ce qu'un cure-dent inséré au centre en ressorte propre. Laisser refroidir 10 minutes dans le moule avant de démouler sur une grille pour terminer le refroidissement. Saupoudrer de sucre glace avant de servir.

Gâteau aux carottes et aux pistaches

Donne un gâteau de 23 cm/9 po

100 g/4 oz/½ tasse de beurre ou de margarine, ramolli

100 g/4 oz/½ tasse de sucre en poudre (superfin)

2 oeufs

225 g/8 oz/2 tasses de farine ordinaire (tout usage)

5 ml/1 cuillère à café de bicarbonate de soude (bicarbonate de soude)

5 ml/1 c. à thé de cardamome moulue

225 g/8 oz de carottes, râpées

50 g/2 oz/½ tasse de pistaches, hachées

50 g/2 oz/½ tasse d'amandes moulues

100 g/4 oz/2/3 tasse de raisins secs (raisins dorés)

Crémer ensemble le beurre ou la margarine et le sucre jusqu'à consistance légère et mousseuse. Incorporer progressivement les œufs en battant bien après chaque ajout, puis incorporer la farine, le bicarbonate de soude et la cardamome. Incorporer les carottes, les noix, les amandes moulues et les raisins secs. Verser le mélange dans un moule à gâteau (moule) graissé et tapissé de 23 cm/9 et cuire au four préchauffé à 180 °C/350 °F/thermostat 4 pendant 40 minutes jusqu'à ce qu'il soit bien levé, doré et souple au toucher.

Gâteau aux carottes et aux noix

Donne un gâteau de 23 cm/9 po

200 ml/7 fl oz/peu d'huile 1 tasse

4 œufs

225 g/8 oz/2/3 tasse de miel clair

225 g/8 oz/2 tasses de farine complète (de blé entier)

10 ml/2 cuillères à café de levure chimique

2,5 ml/½ cuillère à café de bicarbonate de soude (bicarbonate de soude)

Une pincée de sel

5 ml/1 cuillère à café d'essence de vanille (extrait)

175 g/6 oz de carottes, grossièrement râpées

175 g/6 oz/1 tasse de raisins secs

100 g/4 oz/1 tasse de noix, hachées finement

Mélanger l'huile, les œufs et le miel. Incorporer graduellement tous les ingrédients restants et battre jusqu'à ce que le tout soit bien mélangé. Verser dans un moule à cake de 23 cm graissé et fariné et cuire au four préchauffé à 180°C/350°F/thermostat 4 pendant 1 heure jusqu'à ce qu'un cure-dent inséré au centre en ressorte propre.

Gâteau aux carottes épicé

Donne un gâteau de 18 cm/7 po

175 g/6 oz/1 tasse de dattes

120 ml/4 fl oz/½ tasse d'eau

175 g/6 oz/¾ tasse de beurre ou de margarine, ramolli

2 œufs, légèrement battus

225 g/8 oz/2 tasses de farine auto-levante (auto-levante)

175 g/6 oz de carottes, râpées finement

25 g/1 oz/¼ tasse d'amandes moulues

Zeste râpé d'1 orange

2,5 ml/½ c. à thé d'épices moulues (tarte aux pommes)

2,5 ml/½ c. à thé de cannelle moulue

2,5 ml/½ c. à thé de gingembre moulu

Pour le glaçage (glaçage):
350 g/12 oz/1½ tasses de fromage blanc

25 g/1 oz/2 c. à soupe de beurre ou de margarine, ramolli

Zeste râpé d'1 orange

Mettre les dattes et l'eau dans une petite casserole, porter à ébullition, puis laisser mijoter 10 minutes jusqu'à ce qu'elles soient tendres. Retirez et jetez les noyaux (noyaux), puis hachez finement les dattes. Mélanger ensemble les dattes et le liquide, le beurre ou la margarine et les œufs jusqu'à consistance crémeuse. Incorporer tous les autres ingrédients du gâteau. Verser la préparation dans un moule à cake beurré et chemisé de 18 cm/7 et cuire au four préchauffé à 180°C/350°F/thermostat 4 pendant 1 heure jusqu'à ce qu'un cure-dent inséré au centre en ressorte propre. Laisser refroidir 10 minutes dans le moule avant de démouler sur une grille pour terminer le refroidissement.

Pour faire le glaçage, battez ensemble tous les ingrédients jusqu'à obtention d'une consistance tartinable, en ajoutant un peu plus de jus d'orange ou d'eau si nécessaire. Couper le gâteau en deux horizontalement, prendre en sandwich les couches avec la moitié du glaçage et étaler le reste sur le dessus.

Gâteau aux carottes et cassonade

Donne un gâteau de 18 cm/7 po

5 œufs, séparés

200 g/7 oz/peu 1 tasse de cassonade molle

15 ml/1 cuillère à soupe de jus de citron

300 g/10 oz de carottes râpées

225 g/8 oz/2 tasses d'amandes moulues

25 g/1 oz/¼ tasse de farine complète (de blé entier)

5 ml/1 c. à thé de cannelle moulue

25 g/1 oz/2 c. à soupe de beurre ou de margarine, fondu

25 g/1 oz/2 cuillères à soupe de sucre en poudre (superfin)

30 ml/2 cuillères à soupe de crème simple (légère)

75 g/3 oz/¾ tasse de noix mélangées hachées

Battre les jaunes d'œufs jusqu'à consistance mousseuse, incorporer le sucre jusqu'à consistance lisse, puis incorporer le jus de citron. Incorporer un tiers des carottes, puis un tiers des amandes et continuer ainsi jusqu'à ce qu'elles soient toutes mélangées. Incorporer la farine et la cannelle. Battre les blancs d'œufs en neige ferme, puis les incorporer au mélange à l'aide d'une cuillère en métal. Verser dans un moule à cake beurré et chemisé de 18 cm/7 de profondeur et cuire au four préchauffé à 180°C/350°F/thermostat 4 pendant 1 heure. Couvrir le gâteau sans serrer de papier sulfurisé (ciré) et réduire la température du four à 160°C/325°F/thermostat 3 pendant encore 15 minutes ou jusqu'à ce que le gâteau rétrécisse légèrement des côtés du moule et que le centre soit encore humide . Laissez le gâteau dans le moule jusqu'à ce qu'il soit à peine tiède, puis démoulez pour finir de refroidir.

Mélanger le beurre ou la margarine fondu, le sucre, la crème et les noix, verser sur le gâteau et cuire sous un gril moyen (gril) jusqu'à ce qu'il soit doré.

Cake aux courgettes et à la moelle

Donne un gâteau de 20 cm/8 po

225 g/8 oz/1 tasse de sucre en poudre (superfin)

2 œufs battus

120 ml/4 fl oz/½ tasse d'huile

100 g/4 oz/1 tasse de farine ordinaire (tout usage)

5 ml/1 cuillère à café de levure chimique

2,5 ml/½ cuillère à café de bicarbonate de soude (bicarbonate de soude)

2,5 ml/½ cuillère à café de sel

100 g de courgettes (courgettes), râpées

100 g d'ananas écrasé

50 g/2 oz/½ tasse de noix, hachées

5 ml/1 cuillère à café d'essence de vanille (extrait)

Battre ensemble le sucre et les œufs jusqu'à ce qu'ils soient pâles et bien mélangés. Incorporer l'huile puis les ingrédients secs. Incorporer les courgettes, l'ananas, les noix et l'essence de vanille. Verser dans un moule à cake de 20 cm de diamètre graissé et fariné et cuire au four préchauffé à 180°C/350°F/thermostat 4 pendant 1 heure jusqu'à ce qu'un cure-dent inséré au centre en ressorte propre. Laisser refroidir 30 minutes dans le moule avant de démouler sur une grille pour terminer le refroidissement.

Gâteau aux courgettes et à l'orange

Donne un gâteau de 25 cm/10 po

225 g/8 oz/1 tasse de beurre ou de margarine, ramolli

450 g/1 lb/2 tasses de cassonade molle

4 œufs, légèrement battus

275 g/10 oz/2½ tasses de farine ordinaire (tout usage)

15 ml/1 cuillère à soupe de levure chimique

2,5 ml/½ cuillère à café de sel

5 ml/1 c. à thé de cannelle moulue

2,5 ml/½ cuillère à café de muscade râpée

Une pincée de clous de girofle moulus

Zeste râpé et jus d'1 orange

225 g/8 oz/2 tasses de courgettes (courgettes), râpées

Crémer ensemble le beurre ou la margarine et le sucre jusqu'à consistance légère et mousseuse. Incorporer progressivement les œufs, puis incorporer la farine, la levure chimique, le sel et les épices en alternant avec le zeste et le jus d'orange. Incorporer les courgettes. Verser dans un moule à cake beurré et chemisé de 25 cm/10 et cuire au four préchauffé à 180°C/350°F/thermostat 4 pendant 1 heure jusqu'à ce qu'il soit doré et souple au toucher. Si le dessus commence à trop brunir vers la fin de la cuisson, couvrir de papier sulfurisé (ciré).

Gâteau aux courgettes épicé

Donne un gâteau de 25 cm/10 po

350 g/12 oz/3 tasses de farine ordinaire (tout usage)

10 ml/2 cuillères à café de levure chimique

7,5 ml/1½ c. à thé de cannelle moulue

5 ml/1 cuillère à café de bicarbonate de soude (bicarbonate de soude)

2,5 ml/½ cuillère à café de sel

8 blancs d'oeufs

450 g/1 lb/2 tasses de sucre en poudre (superfin)

100 g/4 oz/1 tasse de purée de pomme (sauce)

120 ml/4 fl oz/½ tasse de babeurre

15 ml/1 cuillère à soupe d'essence de vanille (extrait)

5 ml/1 c. à thé de zeste d'orange finement râpé

350 g/12 oz/3 tasses de courgettes (courgettes), râpées

75 g/3 oz/¾ tasse de noix, hachées

Pour la garniture :

100 g/4 oz/½ tasse de fromage à la crème

25 g/1 oz/2 c. à soupe de beurre ou de margarine, ramolli

5 ml/1 c. à thé de zeste d'orange finement râpé

10 ml/2 cuillères à café de jus d'orange

350 g/12 oz/2 tasses de sucre à glacer (pour confiseurs), tamisé

Mélanger ensemble les ingrédients secs. Battre les blancs d'œufs jusqu'à ce qu'ils forment des pics mous. Incorporer lentement le sucre, puis la purée de pomme, le babeurre, l'essence de vanille et le zeste d'orange. Incorporer le mélange de farine, puis les courgettes et les noix. Verser dans un moule à cake beurré et fariné de 25 cm/10 et cuire au four préchauffé à 150°C/300°F/thermostat 2 pendant 1 heure jusqu'à ce qu'un cure-dent inséré au centre en ressorte propre. Laisser refroidir dans le moule.

Battre ensemble tous les ingrédients de la garniture jusqu'à consistance lisse, en ajoutant suffisamment de sucre pour obtenir une consistance tartinable. Étaler sur le gâteau refroidi.

Gateau à la citrouille

Donne un gâteau de 23 x 33 cm/9 x 13 po

450 g/1 lb/2 tasses de sucre en poudre (superfin)

4 œufs battus

375 ml/13 fl oz/1½ tasses d'huile

350 g/12 oz/3 tasses de farine ordinaire (tout usage)

15 ml/1 cuillère à soupe de levure chimique

10 ml/2 cuillères à café de bicarbonate de soude (bicarbonate de soude)

10 ml/2 c. à thé de cannelle moulue

2,5 ml/½ c. à thé de gingembre moulu

Une pincée de sel

225 g/8 oz de citrouille cuite en dés

100 g/4 oz/1 tasse de noix, hachées

Battre le sucre et les œufs jusqu'à homogénéité, puis incorporer l'huile. Mélanger les ingrédients restants. Verser dans un moule graissé et fariné de 23 x 33 cm/9 x 13 et cuire au four préchauffé à 180°C/350°F/thermostat 4 pendant 1 heure jusqu'à ce qu'un cure-dent inséré au centre en ressorte faire le ménage.

Gâteau à la citrouille aux fruits

Donne un gâteau de 20 cm/8 po

100 g/4 oz/½ tasse de beurre ou de margarine, ramolli

150 g/5 oz/2/3 tasse de cassonade molle

2 œufs, légèrement battus

225 g/8 oz de citrouille cuite à froid

30 ml/2 c. à soupe de sirop doré (maïs léger)

225 g/8 oz 1/1/3 tasses de fruits séchés mélangés (mélange pour gâteau aux fruits)

225 g/8 oz/2 tasses de farine auto-levante (auto-levante)

50 g/2 oz/½ tasse de son

Crémer ensemble le beurre ou la margarine et le sucre jusqu'à consistance légère et mousseuse. Incorporer progressivement les œufs, puis incorporer le reste des ingrédients. Verser dans un moule à cake graissé et chemisé de 20 cm/8 po et cuire au four préchauffé à 160°C/325°F/thermostat 3 pendant 1h30 jusqu'à ce qu'un cure-dent inséré au centre en ressorte propre.

Rouleau de citrouille aux épices

Donne un rouleau de 30 cm/12 po

75 g/3 oz/¾ tasse de farine ordinaire (tout usage)

5 ml/1 cuillère à café de bicarbonate de soude (bicarbonate de soude)

5 ml/1 c. à thé de gingembre moulu

2,5 ml/½ cuillère à café de muscade râpée

10 ml/2 c. à thé de cannelle moulue

Une pincée de sel

1 oeuf

225 g/8 oz/1 tasse de sucre en poudre (superfin)

100 g de citrouille cuite, coupée en dés

5 ml/1 cuillère à café de jus de citron

4 blancs d'oeufs

50 g/2 oz/½ tasse de noix, hachées

50 g/2 oz/1/3 tasse de sucre à glacer (pour confiseurs), tamisé

Pour le remplissage:

175 g/6 oz/1 tasse de sucre à glacer (pour confiseurs), tamisé

100 g/4 oz/½ tasse de fromage à la crème

2,5 ml/½ cuillère à café d'essence de vanille (extrait)

Mélanger la farine, le bicarbonate de soude, les épices et le sel. Battre l'œuf jusqu'à ce qu'il soit épais et pâle, puis incorporer le sucre jusqu'à ce que le mélange soit pâle et crémeux. Incorporer la citrouille et le jus de citron. Incorporer le mélange de farine. Dans un bol propre, battre les blancs d'œufs en neige ferme. Incorporer au mélange à gâteau et étaler dans un moule à cake beurré et chemisé de 30 x 12 cm/12 x 8 in Swiss roll (moule à pâtisserie) et saupoudrer de noix sur le dessus. Cuire au four préchauffé à 190

°C/375 °F/thermostat 5 pendant 10 minutes jusqu'à ce qu'ils soient souples au toucher. Tamisez le sucre glace sur un torchon propre (torchon) et retournez le gâteau sur le torchon. Retirez le papier de couverture et roulez le gâteau et le torchon, puis laissez refroidir.

Pour faire la garniture, mélangez progressivement le sucre dans le fromage à la crème et l'essence de vanille jusqu'à ce que vous ayez un mélange à tartiner. Dérouler le gâteau et étaler la garniture sur le dessus. Rouler à nouveau le gâteau et réfrigérer avant de servir saupoudré d'un peu plus de sucre glace.

Gâteau à la rhubarbe et au miel

Donne deux gâteaux de 450 g/1 lb

250 g/9 oz/¾ tasse de miel clair

100 ml/4 fl oz/½ tasse d'huile

1 oeuf

5 ml/1 cuillère à café de bicarbonate de soude (bicarbonate de soude)

60 ml/4 cuillères à soupe d'eau

350 g/12 oz/3 tasses de farine complète (de blé entier)

10 ml/2 cuillères à café de sel

350 g/12 oz de rhubarbe, hachée finement

5 ml/1 cuillère à café d'essence de vanille (extrait)

50 g/2 oz/½ tasse de noix mélangées hachées (facultatif)

Pour la garniture :

75 g/3 oz/1/3 tasse de sucre muscovado

5 ml/1 c. à thé de cannelle moulue

15 g/½ oz/1 c. à soupe de beurre ou de margarine, ramolli

Mélanger le miel et l'huile. Ajouter l'oeuf et bien battre. Ajouter le bicarbonate de soude à l'eau et laisser dissoudre. Mélanger la farine et le sel. Ajouter au mélange de miel en alternance avec le mélange de bicarbonate de soude. Incorporer la rhubarbe, l'essence de vanille et les noix, le cas échéant. Verser dans deux moules à pain graissés de 450 g/1 lb. Mélanger les ingrédients de la garniture et étendre sur le mélange à gâteau. Cuire au four préchauffé à 180°C/350°F/thermostat 4 pendant 1 heure jusqu'à ce qu'il soit élastique au toucher.

Gâteau aux patates douces

Donne un gâteau de 23 cm/9 po

300 g/11 oz/2¾ tasses de farine ordinaire (tout usage)

15 ml/1 cuillère à soupe de levure chimique

5 ml/1 c. à thé de cannelle moulue

5 ml/1 c. à thé de muscade râpée

Une pincée de sel

350 g/12 oz/1¾ tasses de sucre en poudre (superfin)

375 ml/13 fl oz/1½ tasses d'huile

60 ml/4 cuillères à soupe d'eau bouillie

4 œufs, séparés

225 g/8 oz de patates douces, pelées et grossièrement râpées

100 g/4 oz/1 tasse de noix mélangées hachées

5 ml/1 cuillère à café d'essence de vanille (extrait)

Pour le glaçage (glaçage):
225 g/8 oz/11/3 tasses de sucre à glacer (à confiserie), tamisé

50 g/2 oz/¼ tasse de beurre ou de margarine, ramolli

250 g/9 oz/1 de fromage à la crème moyen

50 g/2 oz/½ tasse de noix mélangées hachées

Une pincée de cannelle moulue pour saupoudrer

Mélanger la farine, la levure chimique, la cannelle, la muscade et le sel. Battre ensemble le sucre et l'huile, puis ajouter l'eau bouillante et battre jusqu'à homogénéité. Ajouter les jaunes d'œufs et le mélange de farine et mélanger jusqu'à homogénéité. Incorporer les patates douces, les noix et l'essence de vanille. Battre les blancs d'œufs en neige ferme, puis les incorporer au mélange. Répartir dans deux moules à gâteaux (moules) graissés et farinés de 23 cm/9 et cuire au four préchauffé à 180°C/350°F/thermostat 4 pendant 40 minutes jusqu'à ce qu'ils soient souples au toucher. Laisser refroidir 5 minutes dans les moules, puis démouler sur une grille pour terminer le refroidissement.

Mélanger le sucre glace, le beurre ou la margarine et la moitié du fromage à la crème. Étalez la moitié du fromage à la crème restant sur un gâteau, puis étalez le glaçage sur le fromage. Sandwich les gâteaux ensemble. Étalez le reste du fromage à la crème sur le dessus et saupoudrez les noix et la cannelle sur le dessus avant de servir.

Gâteau italien aux amandes

Donne un gâteau de 20 cm/8 po

1 oeuf

150 ml/¼ pt/2/3 tasse de lait

2,5 ml/½ c. à thé d'essence d'amande (extrait)

45 ml/3 c. à soupe de beurre fondu

350 g/12 oz/3 tasses de farine ordinaire (tout usage)

100 g/4 oz/½ tasse de sucre en poudre (superfin)

10 ml/2 cuillères à café de levure chimique

2,5 ml/½ cuillère à café de sel

1 blanc d'oeuf

100 g/4 oz/1 tasse d'amandes, hachées

Battre l'œuf dans un bol, puis ajouter petit à petit le lait, l'essence d'amande et le beurre fondu en battant tout le temps. Ajouter la farine, le sucre, la levure et le sel et continuer à mélanger jusqu'à consistance lisse. Verser dans un moule à cake beurré et chemisé de 20 cm/8 po. Battre le blanc d'œuf jusqu'à ce qu'il soit mousseux, puis badigeonner généreusement le dessus du gâteau et parsemer d'amandes. Cuire au four préchauffé à 220 °C/425 °F/thermostat 7 pendant 25 minutes jusqu'à ce qu'ils soient dorés et souples au toucher.

Torte aux amandes et au café

Donne un gâteau de 23 cm/9 po

8 œufs, séparés

175 g/6 oz/¾ tasse de sucre en poudre (superfin)

60 ml/4 cuillères à soupe de café noir fort

175 g/6 oz/1½ tasses d'amandes moulues

45 ml/3 cuillères à soupe de semoule (crème de blé)

100 g/4 oz/1 tasse de farine ordinaire (tout usage)

Battre les jaunes d'œufs et le sucre jusqu'à consistance très épaisse et crémeuse. Ajouter le café, la poudre d'amandes et la semoule et bien battre. Incorporer la farine. Battre les blancs d'œufs en neige ferme, puis les incorporer au mélange. Verser dans un moule à cake beurré de 23 cm/9 et cuire au four préchauffé à 180°C/350°F/thermostat 4 pendant 45 minutes jusqu'à ce qu'il soit élastique au toucher.

Gâteau aux amandes et au miel

Donne un gâteau de 20 cm/8 po

225 g/8 oz de carottes, râpées

75 g/3 oz/¾ tasse d'amandes, hachées

2 œufs battus

100 ml/4 fl oz/½ tasse de miel clair

60 ml/4 cuillères à soupe d'huile

150 ml/¼ pt/2/3 tasse de lait

150 g/5 oz/1¼ tasses de farine complète (de blé entier)

10 ml/2 cuillères à café de sel

10 ml/2 cuillères à café de bicarbonate de soude (bicarbonate de soude)

15 ml/1 c. à soupe de cannelle moulue

Mélanger les carottes et les noix. Battre les œufs avec le miel, l'huile et le lait, puis incorporer au mélange de carottes. Mélanger la farine, le sel, le bicarbonate de soude et la cannelle et incorporer au mélange de carottes. Verser le mélange dans un moule carré graissé et chemisé de 20 cm/8 po (moule) et cuire au four préchauffé à 150°C/300°F/thermostat 2 pendant 1¾ heures jusqu'à ce qu'un cure-dent inséré au centre en ressorte propre . Laisser refroidir 10 minutes dans le moule avant de démouler.

Gâteau aux amandes et au citron

Donne un gâteau de 23 cm/9 po

25 g/1 oz/¼ tasse d'amandes effilées (émincées)

100 g/4 oz/½ tasse de beurre ou de margarine, ramolli

100 g/4 oz/½ tasse de cassonade molle

2 œufs battus

100 g/4 oz/1 tasse de farine auto-levante (auto-levante)

Zeste râpé d'1 citron

Pour le sirop :
75 g/3 oz/1/3 tasse de sucre en poudre (superfin)

45 à 60 ml/3 à 4 cuillères à soupe de jus de citron

Beurrer et chemiser un moule à cake de 23 cm/9 et parsemer le fond d'amandes. Battre ensemble le beurre et la cassonade. Battre les œufs un à un, puis incorporer la farine et le zeste de citron. Verser dans le moule préparé et égaliser la surface. Cuire au four préchauffé à 180 °C/350 °F/thermostat 4 pendant 20 à 25 minutes jusqu'à ce qu'ils soient bien levés et souples au toucher.

Pendant ce temps, faites chauffer le sucre en poudre et le jus de citron dans une casserole, en remuant de temps en temps, jusqu'à ce que le sucre soit dissous. Sortir le gâteau du four et laisser refroidir 2 minutes, puis démouler sur une grille avec le fond vers le haut. Verser sur le sirop, puis laisser refroidir complètement.

Gâteau aux amandes à l'orange

Donne un gâteau de 20 cm/8 po

225 g/8 oz/1 tasse de beurre ou de margarine, ramolli

225 g/8 oz/1 tasse de sucre en poudre (superfin)

4 œufs, séparés

225 g/8 oz/2 tasses de farine ordinaire (tout usage)

10 ml/2 cuillères à café de levure chimique

50 g/2 oz/½ tasse d'amandes moulues

5 ml/1 c. à thé de zeste d'orange râpé

Crémer ensemble le beurre ou la margarine et le sucre jusqu'à consistance légère et mousseuse. Battre les jaunes d'œufs, puis incorporer la farine, la levure, la poudre d'amandes et le zeste d'orange. Battre les blancs d'œufs en neige ferme, puis les incorporer au mélange à l'aide d'une cuillère en métal. Verser dans un moule à cake beurré et chemisé de 20 cm/8 po et cuire au four préchauffé à 180°C/350°F/thermostat 4 pendant 1 heure jusqu'à ce qu'un cure-dent inséré au centre en ressorte propre.

Riche Gâteau Aux Amandes

Donne un gâteau de 18 cm/7 po

100 g/4 oz/½ tasse de beurre ou de margarine, ramolli

150 g/5 oz/2/3 tasse de sucre en poudre (superfin)

3 œufs, légèrement battus

75 g/3 oz/¾ tasse d'amandes moulues

50 g/2 oz/½ tasse de farine ordinaire (tout usage)

Quelques gouttes d'essence d'amande (extrait)

Crémer ensemble le beurre ou la margarine et le sucre jusqu'à consistance légère et mousseuse. Incorporer progressivement les œufs, puis incorporer la poudre d'amandes, la farine et l'essence d'amande. Verser dans un moule à cake beurré et chemisé de 18 cm/7 et cuire au four préchauffé à 180°C/350°F/thermostat 4 pendant 45 minutes jusqu'à ce qu'il soit élastique au toucher.

Gâteau macaron suédois

Donne un gâteau de 23 cm/9 po

100 g/4 oz/1 tasse d'amandes moulues

75 g/3 oz/1/3 tasse de sucre granulé

5 ml/1 cuillère à café de levure chimique

2 gros blancs d'œufs battus

Mélanger les amandes, le sucre et la levure chimique. Incorporer les blancs d'œufs jusqu'à ce que le mélange soit épais et lisse. Verser dans un moule à sandwich graissé et tapissé de 23 cm/9 (moule) et cuire au four préchauffé à 160°C/325°F/thermostat 3 pendant 20-25 minutes jusqu'à ce qu'ils soient levés et dorés. Démoulez très délicatement car le gâteau est fragile.

Pain à la noix de coco

Donne un pain de 450 g/1 lb

100 g/4 oz/1 tasse de farine auto-levante (auto-levante)

225 g/8 oz/1 tasse de sucre en poudre (superfin)

100 g/4 oz/1 tasse de noix de coco desséchée (râpée)

1 oeuf

120 ml/4 fl oz/½ tasse de lait

Une pincée de sel

Bien mélanger tous les ingrédients et verser dans un moule à pain (moule) graissé et chemisé de 450 g/1 lb. Cuire au four préchauffé à 180°C/350°F/thermostat 4 pendant environ 1 heure jusqu'à ce qu'ils soient dorés et souples au toucher.

un gâteau à la noix de coco

Donne un gâteau de 23 cm/9 po

75 g/3 oz/1/3 tasse de beurre ou de margarine

150 ml/¼ pt/2/3 tasse de lait

2 œufs, légèrement battus

225 g/8 oz/1 tasse de sucre en poudre (superfin)

150 g/5 oz/1¼ tasses de farine auto-levante (auto-levante)

Une pincée de sel

Pour la garniture :

100 g/4 oz/½ tasse de beurre ou de margarine

75 g/3 oz/¾ tasse de noix de coco desséchée (râpée)

60 ml/4 c. à soupe de miel clair

45 ml/3 cuillères à soupe de lait

50 g/2 oz/¼ tasse de cassonade molle

Faire fondre le beurre ou la margarine dans le lait, puis laisser refroidir légèrement. Battre ensemble les œufs et le sucre en poudre jusqu'à consistance légère et mousseuse, puis incorporer le mélange de beurre et de lait. Incorporer la farine et le sel pour faire un mélange assez fin. Verser dans un moule à cake graissé et tapissé de 23 cm/9 et cuire au four préchauffé à 180°C/350°F/thermostat 4 pendant 40 minutes jusqu'à ce qu'il soit doré et souple au toucher.

Pendant ce temps, porter à ébullition les ingrédients de la garniture dans une casserole. Démouler le gâteau chaud et verser sur le mélange de garniture. Placer sous un gril chaud (gril) pendant quelques minutes jusqu'à ce que la garniture commence à dorer.

Gâteau à la noix de coco doré

Donne un gâteau de 20 cm/8 po

100 g/4 oz/½ tasse de beurre ou de margarine, ramolli

200 g/7 oz/peu 1 tasse de sucre en poudre (superfin)

200 g/7 oz/1¾ tasses de farine ordinaire (tout usage)

10 ml/2 cuillères à café de levure chimique

Une pincée de sel

175 ml/6 fl oz/¾ tasse de lait

3 blancs d'oeufs

Pour la garniture et le nappage :
150 g/5 oz/1¼ tasses de noix de coco desséchée (râpée)

200 g/7 oz/peu 1 tasse de sucre en poudre (superfin)

120 ml/4 fl oz/½ tasse de lait

120 ml/4 fl oz/½ tasse d'eau

3 jaunes d'oeufs

Crémer ensemble le beurre ou la margarine et le sucre jusqu'à consistance légère et mousseuse. Incorporer la farine, la levure et le sel dans le mélange en alternant avec le lait et l'eau jusqu'à l'obtention d'une pâte lisse. Battez les blancs d'œufs en neige ferme, puis incorporez-les à la pâte. Répartir le mélange dans deux moules à gâteaux graissés de 20 cm/8 po et cuire au four préchauffé à 180°C/350°F/thermostat 4 pendant 25 minutes jusqu'à ce qu'il soit élastique au toucher. Laisser refroidir.

Mélanger la noix de coco, le sucre, le lait et les jaunes d'œufs dans une petite casserole. Chauffer à feu doux pendant quelques minutes jusqu'à ce que les œufs soient cuits, en remuant continuellement. Laisser refroidir. Sandwich les gâteaux avec la moitié du mélange de noix de coco, puis versez le reste sur le dessus.

Gâteau de Couche de Coco

Donne un gâteau de 9 x 18 cm/3½ x 7 po

100 g/4 oz/½ tasse de beurre ou de margarine, ramolli

175 g/6 oz/¾ tasse de sucre en poudre (superfin)

3 oeufs

175 g/6 oz/1½ tasses de farine ordinaire (tout usage)

5 ml/1 cuillère à café de levure chimique

175 g/6 oz/1 tasse de raisins secs (raisins dorés)

120 ml/4 fl oz/½ tasse de lait

6 biscuits nature (cookies), écrasés

100 g/4 oz/½ tasse de cassonade molle

100 g/4 oz/1 tasse de noix de coco desséchée (râpée)

Crémer ensemble le beurre ou la margarine et le sucre en poudre jusqu'à consistance légère et mousseuse. Incorporer progressivement deux des œufs, puis incorporer la farine, la levure et les raisins secs en alternance avec le lait. Verser la moitié du mélange dans un moule à pain (moule) graissé et chemisé de 450 g/1 lb. Mélanger l'œuf restant avec les miettes de biscuits, la cassonade et la noix de coco et saupoudrer dans le moule. Verser le reste du mélange et cuire au four préchauffé à 180°C/350°F/thermostat 4 pendant 1 heure. Laisser refroidir dans le moule pendant 30 minutes, puis démouler sur une grille pour terminer le refroidissement.

Gâteau à la noix de coco et au citron

Donne un gâteau de 20 cm/8 po

100 g/4 oz/½ tasse de beurre ou de margarine, ramolli

75 g/3 oz/1/3 tasse de cassonade molle

Zeste râpé d'1 citron

1 œuf battu

Quelques gouttes d'essence d'amande (extrait)

350 g/12 oz/3 tasses de farine auto-levante (auto-levante)

60 ml/4 c. à soupe de confiture de framboises (conserver)

Pour la garniture :

1 œuf battu

75 g/3 oz/1/3 tasse de cassonade molle

225 g/8 oz/2 tasses de noix de coco desséchée (râpée)

Crémer ensemble le beurre ou la margarine, le sucre et le zeste de citron jusqu'à consistance légère et mousseuse. Incorporer progressivement l'œuf et l'essence d'amande, puis incorporer la farine. Verser le mélange dans un moule à cake de 20 cm de diamètre beurré et chemisé. Verser la confiture sur le mélange. Battre ensemble les ingrédients de la garniture et étendre sur le mélange. Cuire au four préchauffé à 180°C/350°F/thermostat 4 pendant 30 minutes jusqu'à ce qu'il soit élastique au toucher. Laisser refroidir dans le moule.

Gâteau du Nouvel An à la noix de coco

Donne un gâteau de 18 cm/7 po

100 g/4 oz/½ tasse de beurre ou de margarine, ramolli

100 g/4 oz/½ tasse de sucre en poudre (superfin)

2 œufs, légèrement battus

75 g/3 oz/¾ tasse de farine ordinaire (tout usage)

45 ml/3 c. à soupe de noix de coco desséchée (râpée)

30 ml/2 cuillères à soupe de rhum

Quelques gouttes d'essence d'amande (extrait)

Quelques gouttes d'essence de citron (extrait)

Battre ensemble le beurre et le sucre jusqu'à consistance légère et mousseuse. Incorporer progressivement les œufs, puis incorporer la farine et la noix de coco. Incorporer le rhum et les essences. Verser dans un moule à cake beurré et chemisé de 18 cm/7 et égaliser la surface. Cuire au four préchauffé à 190°C/375°F/thermostat 5 pendant 45 minutes jusqu'à ce qu'un cure-dent inséré au centre en ressorte propre. Laisser refroidir dans le moule.

Gâteau à la noix de coco et à la sultane

Donne un gâteau de 23 cm/9 po

100 g/4 oz/½ tasse de beurre ou de margarine, ramolli

175 g/6 oz/¾ tasse de sucre en poudre (superfin)

2 œufs, légèrement battus

175 g/6 oz/1½ tasses de farine ordinaire (tout usage)

5 ml/1 cuillère à café de levure chimique

Une pincée de sel

175 g/6 oz/1 tasse de raisins secs (raisins dorés)

120 ml/4 fl oz/½ tasse de lait

Pour le remplissage:

1 œuf, légèrement battu

50 g/2 oz/½ tasse de chapelure de biscuits nature

100 g/4 oz/½ tasse de cassonade molle

100 g/4 oz/1 tasse de noix de coco desséchée (râpée)

Crémer ensemble le beurre ou la margarine et le sucre en poudre jusqu'à consistance légère et mousseuse. Incorporer progressivement les œufs. Incorporer la farine, la levure chimique, le sel et les raisins secs avec suffisamment de lait pour obtenir une consistance molle. Verser la moitié du mélange dans un moule à cake de 23 cm/9 graissé. Mélanger les ingrédients de la garniture et verser sur le mélange, puis garnir du reste du mélange à gâteau. Cuire au four préchauffé à 180°C/350°F/thermostat 4 pendant 1 heure jusqu'à ce qu'il soit élastique au toucher et commence à rétrécir sur les côtés du moule. Laisser refroidir dans le moule avant de démouler.

Gâteau aux noix croustillant

Donne un gâteau de 23 cm/9 po

225 g/8 oz/1 tasse de beurre ou de margarine, ramolli

225 g/8 oz/1 tasse de sucre en poudre (superfin)

2 œufs, légèrement battus

225 g/8 oz/2 tasses de farine ordinaire (tout usage)

2,5 ml/½ cuillère à café de bicarbonate de soude (bicarbonate de soude)

2,5 ml/½ cuillère à café de crème de tartre

200 ml/7 fl oz/peu 1 tasse de lait

Pour la garniture :

100 g/4 oz/1 tasse de noix mélangées hachées

100 g/4 oz/½ tasse de cassonade molle

5 ml/1 c. à thé de cannelle moulue

Crémer ensemble le beurre ou la margarine et le sucre en poudre jusqu'à consistance légère et mousseuse. Incorporer progressivement les œufs, puis incorporer la farine, le bicarbonate de soude et la crème de tartre en alternance avec le lait. Verser dans un moule à cake de 23 cm/9 graissé et chemisé. Mélanger les noix, la cassonade et la cannelle et saupoudrer le dessus du gâteau. Cuire au four préchauffé à 180°C/350°F/thermostat 4 pendant 40 minutes jusqu'à ce qu'ils soient dorés et qu'ils rétrécissent des côtés du moule. Laisser refroidir dans le moule pendant 10 minutes, puis démouler sur une grille pour terminer le refroidissement.

Gâteau aux noix mélangées

Donne un gâteau de 23 cm/9 po

100 g/4 oz/½ tasse de beurre ou de margarine, ramolli

225 g/8 oz/1 tasse de sucre en poudre (superfin)

1 œuf battu

225 g/8 oz/2 tasses de farine auto-levante (auto-levante)

10 ml/2 cuillères à café de levure chimique

Une pincée de sel

250 ml/8 fl oz/1 tasse de lait

5 ml/1 cuillère à café d'essence de vanille (extrait)

2,5 ml/½ cuillère à café d'essence de citron (extrait)

100 g/4 oz/1 tasse de noix mélangées hachées

Crémer ensemble le beurre ou la margarine et le sucre jusqu'à consistance légère et mousseuse. Incorporer progressivement l'œuf. Mélanger la farine, la levure et le sel et ajouter au mélange en alternance avec le lait et les essences. Incorporer les noix. Répartir dans deux moules à cake graissés et chemisés de 23 cm/9 et cuire au four préchauffé à 180°F/350°F/thermostat 4 pendant 40 minutes jusqu'à ce qu'un cure-dent inséré au centre en ressorte propre.

Gâteau grec aux noix

Donne un gâteau de 25 cm/10 po

100 g/4 oz/½ tasse de beurre ou de margarine, ramolli

225 g/8 oz/1 tasse de sucre en poudre (superfin)

3 œufs, légèrement battus

250 g/9 oz/2¼ tasses de farine ordinaire (tout usage)

225 g/8 oz/2 tasses de noix, moulues

10 ml/2 cuillères à café de levure chimique

5 ml/1 c. à thé de cannelle moulue

1,5 ml/¼ c. à thé de clous de girofle moulus

Une pincée de sel

75 ml/5 cuillères à soupe de lait

Pour le sirop de miel :

175 g/6 oz/¾ tasse de sucre en poudre (superfin)

75 g/3 oz/¼ tasse de miel clair

15 ml/1 cuillère à soupe de jus de citron

250 ml/8 fl oz/1 tasse d'eau bouillante

Crémer ensemble le beurre ou la margarine et le sucre jusqu'à consistance légère et mousseuse. Incorporer progressivement les œufs, puis incorporer la farine, les noix, la levure chimique, les épices et le sel. Ajouter le lait et mélanger jusqu'à consistance lisse. Verser dans un moule à cake beurré et fariné de 25 cm/10 et cuire au four préchauffé à 180°C/350°F/thermostat 4 pendant 40 minutes jusqu'à ce qu'il soit élastique au toucher. Laisser refroidir dans le moule pendant 10 minutes, puis transférer sur une grille.

Pour faire le sirop, mélanger le sucre, le miel, le jus de citron et l'eau et chauffer jusqu'à dissolution. Piquez le gâteau chaud partout avec une fourchette, puis versez-y le sirop de miel.

Gâteau glacé aux noix

Donne un gâteau de 18 cm/7 po

100 g/4 oz/½ tasse de beurre ou de margarine, ramolli

100 g/4 oz/½ tasse de sucre en poudre (superfin)

2 œufs, légèrement battus

100 g/4 oz/1 tasse de farine auto-levante (auto-levante)

100 g/4 oz/1 tasse de noix, hachées

Une pincée de sel

Pour le glaçage (glaçage):

450 g/1 lb/2 tasses de sucre granulé

150 ml/¼ pt/2/3 tasse d'eau

2 blancs d'oeufs

Quelques moitiés de noix pour décorer

Crémer ensemble le beurre ou la margarine et le sucre en poudre jusqu'à consistance légère et mousseuse. Incorporer progressivement les œufs, puis incorporer la farine, les noix et le sel. Répartir le mélange dans deux moules à gâteaux (moules) graissés et chemisés de 18 cm/7 et cuire au four préchauffé à 180°C/350°F/thermostat 4 pendant 25 minutes jusqu'à ce qu'ils soient bien levés et souples au toucher. Laisser refroidir.

Dissoudre le sucre cristallisé dans l'eau à feu doux en remuant continuellement, puis porter à ébullition et continuer à bouillir, sans remuer, jusqu'à ce qu'une goutte du mélange forme une boule molle lorsqu'on la plonge dans l'eau froide. Pendant ce temps, fouetter les blancs d'œufs dans un bol propre jusqu'à ce qu'ils soient fermes. Versez le sirop sur le blanc d'œuf et fouettez jusqu'à ce que le mélange soit suffisamment épais pour enrober le dos d'une cuillère. Sandwich les gâteaux avec une couche de glaçage, puis étaler le reste sur le dessus et les côtés du gâteau et décorer avec des moitiés de noix.

Gâteau aux noix avec crème au chocolat

Donne un gâteau de 18 cm/7 po

3 oeufs

75 g/3 oz/1/3 tasse de cassonade molle

50 g/2 oz/½ tasse de farine complète (de blé entier)

25 g/1 oz/¼ tasse de cacao (chocolat non sucré) en poudre

Pour le glaçage (glaçage):

150 g/5 oz/1¼ tasses de chocolat nature (mi-sucré)

225 g/8 oz/1 tasse de fromage à la crème faible en gras

45 ml/3 c. à soupe de sucre à glacer (à confiserie), tamisé

75 g/3 oz/¾ tasse de noix, hachées

15 ml/1 c. à soupe de cognac (facultatif)

Chocolat râpé pour décorer

Battre ensemble les œufs et la cassonade jusqu'à ce qu'ils soient pâles et épais. Incorporer la farine et le cacao. Répartir le mélange dans deux moules à sandwich graissés et tapissés de 18 cm/7 et cuire au four préchauffé à 190 °C/375 °F/thermostat 5 pendant 15 à 20 minutes jusqu'à ce qu'il soit bien levé et souple au toucher. Retirer des moules et laisser refroidir.

Faites fondre le chocolat dans un bol résistant à la chaleur posé sur une casserole d'eau frémissante. Retirer du feu et incorporer le fromage à la crème et le sucre glace, puis incorporer les noix et le brandy, si vous en utilisez. Sandwich les gâteaux avec la majeure partie de la garniture et étaler le reste sur le dessus. Garnir avec le chocolat râpé.

Gâteau aux noix au miel et à la cannelle

Donne un gâteau de 23 cm/9 po

225 g/8 oz/2 tasses de farine ordinaire (tout usage)

10 ml/2 cuillères à café de levure chimique

5 ml/1 cuillère à café de bicarbonate de soude (bicarbonate de soude)

5 ml/1 c. à thé de cannelle moulue

Une pincée de sel

100 g/4 oz/1 tasse de yaourt nature

75 ml/5 cuillères à soupe d'huile

100 g/4 oz/1/3 tasse de miel clair

1 œuf, légèrement battu

5 ml/1 cuillère à café d'essence de vanille (extrait)

Pour le remplissage:

50 g/2 oz/½ tasse de noix hachées

225 g/8 oz/1 tasse de cassonade molle

10 ml/2 c. à thé de cannelle moulue

30 ml/2 cuillères à soupe d'huile

Mélanger les ingrédients secs du gâteau et creuser un puits au centre. Mélanger le reste des ingrédients du gâteau et les mélanger aux ingrédients secs. Mélanger les ingrédients de la garniture. Verser la moitié du mélange à gâteau dans un moule à cake beurré et fariné de 23 cm/9 et saupoudrer de la moitié de la garniture. Ajouter le reste du mélange à gâteau, puis le reste de la garniture. Cuire au four préchauffé à 180°C/350°F/thermostat 4 pendant 30 minutes jusqu'à ce qu'ils soient bien levés et dorés et qu'ils commencent à rétrécir des côtés du moule.

Barres aux amandes et au miel

Donne 10

15 g/½ oz de levure fraîche ou 20 ml/4 c. à thé de levure sèche

45 ml/3 c. à soupe de sucre en poudre (superfin)

120 ml/4 fl oz/½ tasse de lait chaud

300 g/11 oz/2¾ tasses de farine ordinaire (tout usage)

Une pincée de sel

1 œuf, légèrement battu

50 g/2 oz/¼ tasse de beurre ou de margarine, ramolli

300 ml/½ pt/1¼ tasses de crème double (épaisse)

30 ml/2 cuillères à soupe de sucre à glacer (à confiserie), tamisé

45 ml/3 cuillères à soupe de miel clair

300 g/11 oz/2¾ tasses d'amandes effilées (émincées)

Mélanger la levure, 5 ml/1 c. à thé de sucre en poudre et un peu de lait et laisser dans un endroit chaud pendant 20 minutes jusqu'à ce qu'il soit mousseux. Mélanger le sucre restant avec la farine et le sel et faire un puits au centre. Incorporer graduellement l'œuf, le beurre ou la margarine, le mélange de levure et le reste du lait chaud et mélanger pour obtenir une pâte molle. Pétrir sur une surface légèrement farinée jusqu'à consistance lisse et élastique. Placer dans un bol huilé, couvrir d'un film alimentaire huilé (film plastique) et laisser dans un endroit chaud pendant 45 minutes jusqu'à ce qu'il double de volume.

Pétrir à nouveau la pâte, puis l'étaler et la placer dans un moule à cake beurré de 30 x 20 cm/12 x 8, piquer le tout à la fourchette, couvrir et laisser reposer dans un endroit tiède pendant 10 minutes.

Mettre 120 ml/4 fl oz/½ tasse de crème, le sucre glace et le miel dans une petite casserole et porter à ébullition. Retirer du feu et incorporer les amandes. Étaler sur la pâte, puis cuire au four préchauffé à 200°C/400°F/thermostat 6 pendant 20 minutes jusqu'à ce qu'elle soit dorée et élastique au toucher, en recouvrant de papier sulfurisé (ciré) si le dessus commence à trop dorer avant la fin de la cuisson. Démoulez et laissez refroidir.

Couper le gâteau en deux horizontalement. Fouettez la crème restante jusqu'à ce qu'elle soit ferme et étalez-la sur la moitié inférieure du gâteau. Garnir de la moitié recouverte d'amandes du gâteau et couper en barres.

Barres croustillantes aux pommes et cassis

Donne 12

175 g/6 oz/1½ tasses de farine ordinaire (tout usage)

5 ml/1 cuillère à café de levure chimique

Une pincée de sel

175 g/6 oz/¾ tasse de beurre ou de margarine

225 g/8 oz/1 tasse de cassonade molle

100 g/4 oz/1 tasse de flocons d'avoine

450 g/1 lb de pommes à cuire (à tarte), pelées, épépinées et tranchées

30 ml/2 cuillères à soupe de fécule de maïs (fécule de maïs)

10 ml/2 c. à thé de cannelle moulue

2,5 ml/½ cuillère à café de muscade râpée

2,5 ml/½ c. à thé de piment de la Jamaïque moulu

225 g de cassis

Mélanger la farine, la levure et le sel, puis incorporer le beurre ou la margarine. Incorporer le sucre et les flocons d'avoine. Verser la moitié dans le fond d'un moule à manqué beurré et chemisé de 25 cm/9 dans un moule carré. Mélanger les pommes, la maïzena et les épices et étaler dessus. Garnir de cassis. Verser le reste du mélange et égaliser le dessus. Cuire au four préchauffé à 180°C/350°F/thermostat 4 pendant 30 minutes jusqu'à ce qu'il soit élastique. Laisser refroidir, puis couper en barres.

Barres à l'abricot et à l'avoine

Donne 24

75 g/3 oz/½ tasse d'abricots secs

25 g/1 oz/3 c. à soupe de raisins secs (raisins dorés)

250 ml/8 fl oz/1 tasse d'eau

5 ml/1 cuillère à café de jus de citron

150 g/5 oz/2/3 tasse de cassonade molle

50 g/2 oz/½ tasse de noix de coco desséchée (râpée)

50 g/2 oz/½ tasse de farine ordinaire (tout usage)

2,5 ml/½ cuillère à café de bicarbonate de soude (bicarbonate de soude)

100 g/4 oz/1 tasse de flocons d'avoine

50 g/2 oz/¼ tasse de beurre fondu

Placez les abricots, les raisins secs, l'eau, le jus de citron et 30 ml/2 c. à soupe de cassonade dans une petite casserole et remuez à feu doux jusqu'à consistance épaisse. Incorporer la noix de coco et laisser refroidir. Mélanger la farine, le bicarbonate de soude, les flocons d'avoine et le sucre restant, puis incorporer le beurre fondu. Presser la moitié du mélange d'avoine dans le fond d'un moule carré graissé de 20 cm/8 de diamètre, puis étaler le mélange d'abricots sur le dessus. Couvrir avec le reste du mélange d'avoine et presser légèrement. Cuire au four préchauffé à 180 °C/350 °F/thermostat 4 pendant 30 minutes jusqu'à ce qu'ils soient dorés. Laisser refroidir, puis couper en barres.

Croquants aux Abricots

Donne 16

100 g/4 oz/2/3 tasse d'abricots secs prêts à manger

120 ml/4 fl oz/½ tasse de jus d'orange

100 g/4 oz/½ tasse de beurre ou de margarine

75 g/3 oz/¾ tasse de farine complète (de blé entier)

75 g/3 oz/¾ tasse de flocons d'avoine

75 g/3 oz/1/3 tasse de sucre demerara

Faire tremper les abricots dans le jus d'orange pendant au moins 30 minutes jusqu'à ce qu'ils soient tendres, puis égoutter et hacher. Frotter le beurre ou la margarine dans la farine jusqu'à ce que le mélange ressemble à de la chapelure. Incorporer les flocons d'avoine et le sucre. Presser la moitié de la préparation dans un moule à cake beurré de 30 x 20 cm/12 x 8 in Swiss roll (moule à gelée) et parsemer d'abricots. Étalez le reste du mélange sur le dessus et appuyez doucement. Cuire au four préchauffé à 180°C/350°F/thermostat 4 pendant 25 minutes jusqu'à ce qu'ils soient dorés. Laisser refroidir dans le moule avant de démouler et de découper en barres.

Barres aux bananes et aux noix

Donne environ 14

50 g/2 oz/¼ tasse de beurre ou de margarine, ramolli

75 g/3 oz/1/3 tasse de cassonade (superfine) ou de cassonade molle

2 grosses bananes, hachées

175 g/6 oz/1½ tasses de farine ordinaire (tout usage)

7,5 ml/1½ c. à thé de levure chimique

2 œufs battus

50 g/2 oz/½ tasse de noix, hachées grossièrement

Crémer ensemble le beurre ou la margarine et le sucre. Écraser les bananes et incorporer au mélange. Mélanger la farine et la levure chimique. Ajouter la farine, les œufs et les noix au mélange de bananes et bien battre. Verser dans un moule à cake beurré et chemisé de 18 x 28 cm/7 x 11, égaliser la surface et cuire au four préchauffé à 160°C/325°F/thermostat 3 pendant 30 à 35 minutes jusqu'à ce qu'il soit élastique au toucher. Laisser refroidir quelques minutes dans le moule, puis démouler sur une grille pour terminer le refroidissement. Couper en 14 barres environ.

Brownies américains

Donne environ 15

2 gros oeufs

225 g/8 oz/1 tasse de sucre en poudre (superfin)

50 g/2 oz/¼ tasse de beurre ou de margarine, fondu

2,5 ml/½ cuillère à café d'essence de vanille (extrait)

75 g/3 oz/¾ tasse de farine ordinaire (tout usage)

45 ml/3 cuillères à soupe de poudre de cacao (chocolat non sucré)

2,5 ml/½ cuillère à café de levure chimique

Une pincée de sel

50 g/2 oz/½ tasse de noix, hachées grossièrement

Battre ensemble les œufs et le sucre jusqu'à consistance épaisse et crémeuse. Incorporer le beurre et l'essence de vanille. Tamiser la farine, le cacao, la levure chimique et le sel et incorporer au mélange avec les noix. Verser dans un moule carré de 20 cm de diamètre bien graissé. Cuire au four préchauffé à 180 °C/350 °F/thermostat 4 pendant 40 à 45 minutes jusqu'à ce qu'ils soient souples au toucher. Laisser reposer 10 minutes dans le moule, puis couper en carrés et transférer sur une grille pendant qu'il est encore chaud.

Brownies au fudge au chocolat

Donne environ 16

225 g/8 oz/1 tasse de beurre ou de margarine

175 g/6 oz/¾ tasse de sucre granulé

350 g/12 oz/3 tasses de farine auto-levante (auto-levante)

30 ml/2 cuillères à soupe de cacao (chocolat non sucré) en poudre

Pour le glaçage (glaçage):

175 g/6 oz/1 tasse de sucre à glacer (pour confiseurs), tamisé

30 ml/2 cuillères à soupe de cacao (chocolat non sucré) en poudre

Eau bouillante

Faire fondre le beurre ou la margarine, puis incorporer le sucre semoule. Incorporer la farine et le cacao. Presser dans un moule chemisé de 18 x 28 cm/7 x 11 dans un moule. Cuire au four préchauffé à 180 °C/ 350 °F/thermostat 4 pendant environ 20 minutes jusqu'à ce qu'ils soient souples au toucher.

Pour faire le glaçage, tamisez le sucre glace et le cacao dans un bol et ajoutez une goutte d'eau bouillante. Remuer jusqu'à ce que le tout soit bien mélangé, en ajoutant une goutte ou plus d'eau si nécessaire. Glacer les brownies encore chauds (mais pas chauds), puis laisser refroidir avant de couper en carrés.

Brownies aux noix et au chocolat

Donne 12

50 g/2 oz/½ tasse de chocolat nature (mi-sucré)

75 g/3 oz/1/3 tasse de beurre ou de margarine

225 g/8 oz/1 tasse de sucre en poudre (superfin)

75 g/3 oz/¾ tasse de farine ordinaire (tout usage)

75 g/3 oz/¾ tasse de noix, hachées

50 g/2 oz/½ tasse de pépites de chocolat

2 œufs battus

2,5 ml/½ cuillère à café d'essence de vanille (extrait)

Faites fondre le chocolat et le beurre ou la margarine dans un bol résistant à la chaleur posé sur une casserole d'eau frémissante. Retirer du feu et incorporer le reste des ingrédients. Verser dans un moule à cake beurré et chemisé de 20 cm/8 po et cuire au four préchauffé à 180°C/350°F/thermostat 4 pendant 30 minutes jusqu'à ce qu'un cure-dent inséré au centre en ressorte propre. Laisser refroidir dans le moule, puis découper en carrés.

Barres au beurre

Donne 16

100 g/4 oz/½ tasse de beurre ou de margarine, ramolli

100 g/4 oz/½ tasse de sucre en poudre (superfin)

1 œuf, séparé

100 g/4 oz/1 tasse de farine ordinaire (tout usage)

25 g/1 oz/¼ tasse de noix mélangées hachées

Crémer ensemble le beurre ou la margarine et le sucre jusqu'à consistance légère et mousseuse. Incorporer le jaune d'œuf, puis incorporer la farine et les noix pour obtenir un mélange assez ferme. S'il est trop ferme, ajoutez un peu de lait; s'il est coulant, ajoutez un peu plus de farine. Verser la pâte dans un moule à cake beurré de 30 x 20 cm/12 x 8 in (moule à pâtisserie). Battez le blanc d'œuf jusqu'à ce qu'il soit mousseux et étalez-le sur le mélange. Cuire au four préchauffé à 180 °C/ 350 °F/thermostat 4 pendant 30 minutes jusqu'à ce qu'ils soient dorés. Laisser refroidir, puis couper en barres.

Plateau de cuisson au caramel et aux cerises

Donne 12

100 g/4 oz/1 tasse d'amandes

225 g/8 oz/1 tasse de cerises glacées (confites), coupées en deux

225 g/8 oz/1 tasse de beurre ou de margarine, ramolli

225 g/8 oz/1 tasse de sucre en poudre (superfin)

3 œufs battus

100 g/4 oz/1 tasse de farine auto-levante (auto-levante)

50 g/2 oz/½ tasse d'amandes moulues

5 ml/1 cuillère à café de levure chimique

5 ml/1 c. à thé d'essence d'amande (extrait)

Parsemer les amandes et les cerises sur le fond d'un moule à cake de 20 cm de diamètre beurré et chemisé. Faites fondre 50 g/2 oz/¼ tasse de beurre ou de margarine avec 50 g/2 oz/¼ tasse de sucre, puis versez-les sur les cerises et les noix. Battre le reste du beurre ou de la margarine et le sucre jusqu'à consistance légère et mousseuse, puis incorporer les œufs et mélanger la farine, la poudre d'amandes, la levure chimique et l'essence d'amande. Verser le mélange dans le moule et égaliser le dessus. Cuire au four préchauffé à 160°C/325°F/thermostat 3 pendant 1 heure. Laisser refroidir quelques minutes dans le moule, puis retourner délicatement sur une grille en grattant si nécessaire la garniture du papier de revêtement. Laisser refroidir complètement avant de couper.

Plateau aux pépites de chocolat

Donne 24

100 g/4 oz/½ tasse de beurre ou de margarine, ramolli

100 g/4 oz/½ tasse de cassonade molle

50 g/2 oz/¼ tasse de sucre en poudre (superfin)

1 oeuf

5 ml/1 cuillère à café d'essence de vanille (extrait)

100 g/4 oz/1 tasse de farine ordinaire (tout usage)

2,5 ml/½ cuillère à café de bicarbonate de soude (bicarbonate de soude)

Une pincée de sel

100 g/4 oz/1 tasse de pépites de chocolat

Crémer ensemble le beurre ou la margarine et les sucres jusqu'à consistance légère et mousseuse, puis ajouter progressivement l'œuf et l'essence de vanille. Incorporer la farine, le bicarbonate de soude et le sel. Incorporer les pépites de chocolat. Verser dans un moule carré graissé et fariné de 25 cm/12 et cuire au four préchauffé à 190°C/375°F/thermostat 2 pendant 15 minutes jusqu'à coloration dorée. Laisser refroidir, puis couper en carrés.

Couche de crumble à la cannelle

Donne 12

Pour le socle :

100 g/4 oz/½ tasse de beurre ou de margarine, ramolli

30 ml/2 cuillères à soupe de miel clair

2 œufs, légèrement battus

100 g/4 oz/1 tasse de farine ordinaire (tout usage)

Pour le crumble :

75 g/3 oz/1/3 tasse de beurre ou de margarine

75 g/3 oz/¾ tasse de farine ordinaire (tout usage)

75 g/3 oz/¾ tasse de flocons d'avoine

5 ml/1 c. à thé de cannelle moulue

50 g/2 oz/¼ tasse de sucre demerara

Crémer ensemble le beurre ou la margarine et le miel jusqu'à consistance légère et mousseuse. Incorporer progressivement les œufs, puis incorporer la farine. Verser la moitié du mélange dans un moule carré graissé de 20 cm/8 po et égaliser la surface.

Pour faire le crumble, frottez le beurre ou la margarine dans la farine jusqu'à ce que le mélange ressemble à de la chapelure. Incorporer les flocons d'avoine, la cannelle et le sucre. Verser la moitié du crumble dans le moule, puis garnir du reste du mélange à gâteau, puis du reste du crumble. Cuire au four préchauffé à 190°C/375°F/thermostat 5 environ 35 minutes jusqu'à ce qu'un cure-dent inséré au centre en ressorte propre. Laisser refroidir, puis couper en barres.

Barres gluantes à la cannelle

Donne 16

225 g/8 oz/2 tasses de farine ordinaire (tout usage)

10 ml/2 cuillères à café de levure chimique

225 g/8 oz/1 tasse de cassonade molle

15 ml/1 cuillère à soupe de beurre fondu

250 ml/8 fl oz/1 tasse de lait

30 ml/2 cuillères à soupe de sucre demerara

10 ml/2 c. à thé de cannelle moulue

25 g/1 oz/2 cuillères à soupe de beurre, réfrigéré et coupé en dés

Mélanger ensemble la farine, la levure et le sucre. Incorporer le beurre fondu et le lait et bien mélanger. Presser le mélange dans deux moules à gâteaux carrés de 23 cm/9 po. Saupoudrer le dessus de sucre demerara et de cannelle, puis presser des morceaux de beurre sur la surface. Cuire au four préchauffé à 180°C/350°F/thermostat 4 pendant 30 minutes. Le beurre fera des trous dans le mélange et deviendra gluant pendant la cuisson.

Barres à la noix de coco

Donne 16

75 g/3 oz/1/3 tasse de beurre ou de margarine

100 g/4 oz/1 tasse de farine ordinaire (tout usage)

30 ml/2 cuillères à soupe de sucre en poudre (superfin)

2 oeufs

100 g/4 oz/½ tasse de cassonade molle

Une pincée de sel

175 g/6 oz/1½ tasses de noix de coco desséchée (râpée)

50 g/2 oz/½ tasse de noix mélangées hachées

Glaçage à l'orange

Frotter le beurre ou la margarine dans la farine jusqu'à ce que le mélange ressemble à de la chapelure. Incorporer le sucre et presser dans un moule carré de 23 cm/9 non graissé. Cuire au four préchauffé à 190°C/350°F/thermostat 4 pendant 15 minutes jusqu'à ce que le tout soit pris.

Mélanger les œufs, la cassonade et le sel, puis incorporer la noix de coco et les noix et étaler sur la base. Cuire au four pendant 20 minutes jusqu'à ce que le tout soit pris et doré. Glacer avec du glaçage à l'orange lorsqu'il est froid. Couper en barres.

Barres sandwich à la noix de coco et à la confiture

Donne 16

25 g/1 oz/2 cuillères à soupe de beurre ou de margarine

175 g/6 oz/1½ tasses de farine auto-levante (auto-levante)

225 g/8 oz/1 tasse de sucre en poudre (superfin)

2 jaunes d'oeufs

75 ml/5 cuillères à soupe d'eau

175 g/6 oz/1½ tasses de noix de coco desséchée (râpée)

4 blancs d'oeufs

50 g/2 oz/½ tasse de farine ordinaire (tout usage)

100 g/4 oz/1/3 tasse de confiture de fraises (conserver)

Frotter le beurre ou la margarine dans la farine auto-levante, puis incorporer 50 g/2 oz/¼ tasse de sucre. Battre les jaunes d'œufs et 45 ml/3 cuillères à soupe d'eau et incorporer au mélange. Presser au fond d'un moule à cake beurré de 30 x 20 cm/12 x 8 in (moule à jelly roll) et piquer à la fourchette. Cuire au four préchauffé à 180°C/350°F/thermostat 4 pendant 12 minutes. Laisser refroidir.

Mettre la noix de coco, le reste du sucre et de l'eau et un blanc d'œuf dans une casserole et remuer à feu doux jusqu'à ce que le mélange devienne grumeleux sans le laisser brunir. Laisser refroidir. Mélanger la farine nature. Battre les blancs d'œufs restants jusqu'à ce qu'ils soient fermes, puis incorporer au mélange. Étaler la confiture sur la base, puis étaler avec la garniture à la noix de coco. Cuire au four pendant 30 minutes jusqu'à coloration dorée. Laisser refroidir dans le moule avant de découper en barres.

Date et Apple Traybake

Donne 12

1 pomme à cuire (à tarte), pelée, épépinée et hachée

225 g/8 oz/11/3 tasses de dattes dénoyautées , hachées

150 ml/¼ pt/2/3 tasse d'eau

350 g/12 oz/3 tasses de flocons d'avoine

175 g/6 oz/¾ tasse de beurre ou de margarine, fondu

45 ml/3 cuillères à soupe de sucre demerara

5 ml/1 c. à thé de cannelle moulue

Placer les pommes, les dattes et l'eau dans une casserole et laisser mijoter doucement pendant environ 5 minutes jusqu'à ce que les pommes soient tendres. Laisser refroidir. Mélanger les flocons d'avoine, le beurre ou la margarine, le sucre et la cannelle. Verser la moitié dans un moule carré graissé de 20 cm/8 po et égaliser la surface. Garnir du mélange de pommes et de dattes, puis couvrir avec le reste du mélange d'avoine et niveler la surface. Appuyez doucement. Cuire au four préchauffé à 190 °C/375 °F/thermostat 5 pendant environ 30 minutes jusqu'à ce qu'ils soient dorés. Laisser refroidir, puis couper en barres.

Tranches de dattes

Donne 12

225 g/8 oz/11/3 tasses de dattes dénoyautées (dénoyautées), hachées

30 ml/2 cuillères à soupe de miel clair

30 ml/2 cuillères à soupe de jus de citron

225 g/8 oz/1 tasse de beurre ou de margarine

225 g/8 oz/2 tasses de farine complète (de blé entier)

225 g/8 oz/2 tasses de flocons d'avoine

75 g/3 oz/1/3 tasse de cassonade molle

Laisser mijoter les dattes, le miel et le jus de citron à feu doux pendant quelques minutes jusqu'à ce que les dattes soient tendres. Frotter le beurre ou la margarine dans la farine et l'avoine jusqu'à ce que le mélange ressemble à de la chapelure, puis incorporer le sucre. Verser la moitié du mélange dans un moule carré graissé et chemisé de 20 cm/8 po (moule). Versez le mélange de dattes sur le dessus, puis terminez avec le reste du mélange de gâteau. Appuyez fermement. Cuire au four préchauffé à 190 °C/375 °F/thermostat 5 pendant 35 minutes jusqu'à ce qu'ils soient souples au toucher. Laisser refroidir dans le moule en le coupant en tranches encore chaud.

Barres aux dattes de grand-mère

Donne 16

100 g/4 oz/½ tasse de beurre ou de margarine, ramolli

225 g/8 oz/1 tasse de cassonade molle

2 œufs, légèrement battus

175 g/6 oz/1½ tasses de farine ordinaire (tout usage)

2,5 ml/½ cuillère à café de bicarbonate de soude (bicarbonate de soude)

5 ml/1 c. à thé de cannelle moulue

Une pincée de clous de girofle moulus

Une pincée de muscade râpée

175 g/6 oz/1 tasse de dattes dénoyautées (dénoyautées), hachées

Crémer ensemble le beurre ou la margarine et le sucre jusqu'à consistance légère et mousseuse. Ajouter progressivement les œufs en battant bien après chaque ajout. Incorporer le reste des ingrédients jusqu'à ce que le tout soit bien mélangé. Verser dans un moule carré de 23 cm de diamètre graissé et fariné et cuire au four préchauffé à 180°C/350°F/thermostat 4 pendant 25 minutes jusqu'à ce qu'un cure-dent inséré au centre en ressorte propre. Laisser refroidir, puis couper en barres.

Barres aux dattes et à l'avoine

Donne 16

175 g/6 oz/1 tasse de dattes dénoyautées (dénoyautées), hachées

15 ml/1 cuillère à soupe de miel clair

30 ml/2 cuillères à soupe d'eau

225 g/8 oz/2 tasses de farine complète (de blé entier)

100 g/4 oz/1 tasse de flocons d'avoine

100 g/4 oz/½ tasse de cassonade molle

150 g/5 oz/2/3 tasse de beurre ou de margarine, fondu

Laisser mijoter les dattes, le miel et l'eau dans une petite casserole jusqu'à ce que les dattes soient tendres. Mélanger la farine, les flocons d'avoine et le sucre, puis incorporer le beurre fondu ou la margarine. Presser la moitié du mélange dans un moule carré graissé de 18 cm/7 po, saupoudrer du mélange de dattes, puis garnir du reste du mélange d'avoine et presser doucement. Cuire au four préchauffé à 180°C/350°F/thermostat 4 pendant 1 heure jusqu'à ce qu'ils soient fermes et dorés. Laisser refroidir dans le moule en coupant en barres encore chaud.

Barres aux dattes et aux noix

Donne 12

100 g/4 oz/½ tasse de beurre ou de margarine, ramolli

150 g/5 oz/2/3 tasse de sucre en poudre (superfin)

1 œuf, légèrement battu

100 g/4 oz/1 tasse de farine auto-levante (auto-levante)

225 g/8 oz/11/3 tasses de dattes dénoyautées (dénoyautées), hachées

100 g/4 oz/1 tasse de noix, hachées

15 ml/1 cuillère à soupe de lait (facultatif)

100 g/4 oz/1 tasse de chocolat nature (semi-sucré)

Crémer ensemble le beurre ou la margarine et le sucre jusqu'à consistance légère et mousseuse. Incorporer l'oeuf, puis la farine, les dattes et les noix en ajoutant un peu de lait si le mélange est trop ferme. Verser dans un moule à manqué graissé de 30 x 20 cm/12 x 8 in Swiss roll (moule à pâtisserie) et cuire au four préchauffé à 180°C/350°F/thermostat 4 pendant 30 minutes jusqu'à ce qu'il soit élastique au toucher. Laisser refroidir.

Faites fondre le chocolat dans un bol résistant à la chaleur posé sur une casserole d'eau frémissante. Étaler sur le mélange et laisser refroidir et prendre. Couper en barres avec un couteau bien aiguisé.

Barres aux figues

Donne 16

225 g/8 oz de figues fraîches, hachées

30 ml/2 cuillères à soupe de miel clair

15 ml/1 cuillère à soupe de jus de citron

225 g/8 oz/2 tasses de farine complète (de blé entier)

225 g/8 oz/2 tasses de flocons d'avoine

225 g/8 oz/1 tasse de beurre ou de margarine

75 g/3 oz/1/3 tasse de cassonade molle

Laisser mijoter les figues, le miel et le jus de citron à feu doux pendant 5 minutes. Laisser refroidir légèrement. Mélanger la farine et les flocons d'avoine, puis incorporer le beurre ou la margarine et incorporer le sucre. Presser la moitié du mélange dans un moule carré graissé de 20 cm/8 po, puis verser le mélange de figues sur le dessus. Couvrir avec le reste du mélange à gâteau et presser fermement. Cuire au four préchauffé à 180°C/350°F/thermostat 4 pendant 30 minutes jusqu'à ce qu'ils soient dorés. Laisser refroidir dans le moule, puis couper en tranches encore chaud.

Flapjacks

Donne 16

75 g/3 oz/1/3 tasse de beurre ou de margarine

50 g/2 oz/3 cuillères à soupe de sirop doré (maïs léger)

100 g/4 oz/½ tasse de cassonade molle

175 g/6 oz/1½ tasses de flocons d'avoine

Faire fondre le beurre ou la margarine avec le sirop et le sucre, puis incorporer les flocons d'avoine. Presser dans un moule carré graissé de 20 cm/8 po et cuire au four préchauffé à 180°C/350°F/thermostat 4 pendant environ 20 minutes jusqu'à ce qu'ils soient légèrement dorés. Laisser refroidir un peu avant de découper en barres, puis laisser refroidir complètement dans le moule avant de démouler.

Flapjacks aux cerises

Donne 16

75 g/3 oz/1/3 tasse de beurre ou de margarine

50 g/2 oz/3 cuillères à soupe de sirop doré (maïs léger)

100 g/4 oz/½ tasse de cassonade molle

175 g/6 oz/1½ tasses de flocons d'avoine

100 g/4 oz/1 tasse de cerises glacées (confites), hachées

Faire fondre le beurre ou la margarine avec le sirop et le sucre, puis incorporer les flocons d'avoine et les cerises. Presser dans un moule carré graissé de 20 cm/8 pouces et cuire au four préchauffé à 180°C/350°F/thermostat 4 pendant environ 20 minutes jusqu'à ce qu'ils soient légèrement dorés. Laisser refroidir un peu avant de découper en barres, puis laisser refroidir complètement dans le moule avant de démouler.

Flapjacks au chocolat

Donne 16

75 g/3 oz/1/3 tasse de beurre ou de margarine

50 g/2 oz/3 cuillères à soupe de sirop doré (maïs léger)

100 g/4 oz/½ tasse de cassonade molle

175 g/6 oz/1½ tasses de flocons d'avoine

100 g/4 oz/1 tasse de pépites de chocolat

Faire fondre le beurre ou la margarine avec le sirop et le sucre, puis incorporer les flocons d'avoine et les pépites de chocolat. Presser dans un moule carré graissé de 20 cm/8 po (moule) et cuire au four préchauffé à 180°C/350°F/thermostat 4 pendant environ 20 minutes jusqu'à ce qu'ils soient légèrement dorés. Laisser refroidir un peu avant de découper en barres, puis laisser refroidir complètement dans le moule avant de démouler.

Flapjacks aux fruits

Donne 16

75 g/3 oz/1/3 tasse de beurre ou de margarine

100 g/4 oz/½ tasse de cassonade molle

50 g/2 oz/3 cuillères à soupe de sirop doré (maïs léger)

175 g/6 oz/1½ tasses de flocons d'avoine

75 g/3 oz/½ tasse de raisins secs, raisins secs ou autres fruits secs

Faire fondre le beurre ou la margarine avec le sucre et le sirop, puis incorporer les flocons d'avoine et les raisins secs. Presser dans un moule carré graissé de 20 cm/8 pouces et cuire au four préchauffé à 180°C/350°F/thermostat 4 pendant environ 20 minutes jusqu'à ce qu'ils soient légèrement dorés. Laisser refroidir un peu avant de découper en barres, puis laisser refroidir complètement dans le moule avant de démouler.

Flapjacks aux fruits et noix

Donne 16

75 g/3 oz/1/3 tasse de beurre ou de margarine

100 g/4 oz/1/3 tasse de miel clair

50 g/2 oz/1/3 tasse de raisins secs

50 g/2 oz/½ tasse de noix, hachées

175 g/6 oz/1½ tasses de flocons d'avoine

Faire fondre le beurre ou la margarine avec le miel à feu doux. Incorporer les raisins secs, les noix et les flocons d'avoine et bien mélanger. Verser dans un moule carré graissé de 23 cm/9 et cuire au four préchauffé à 180°C/350°F/thermostat 4 pendant 25 minutes. Laisser refroidir dans le moule en coupant en barres encore chaud.

Flapjacks au gingembre

Donne 16

75 g/3 oz/1/3 tasse de beurre ou de margarine

100 g/4 oz/½ tasse de cassonade molle

50 g/2 oz/3 cuillères à soupe de sirop d'un pot de gingembre en tige

175 g/6 oz/1½ tasses de flocons d'avoine

4 morceaux de gingembre tige, haché finement

Faire fondre le beurre ou la margarine avec le sucre et le sirop, puis incorporer les flocons d'avoine et le gingembre. Presser dans un moule carré graissé de 20 cm/8 po (moule) et cuire au four préchauffé à 180°C/350°F/thermostat 4 pendant environ 20 minutes jusqu'à ce qu'ils soient légèrement dorés. Laisser refroidir un peu avant de découper en barres, puis laisser refroidir complètement dans le moule avant de démouler.

Flapjacks aux noisettes

Donne 16

75 g/3 oz/1/3 tasse de beurre ou de margarine

50 g/2 oz/3 cuillères à soupe de sirop doré (maïs léger)

100 g/4 oz/½ tasse de cassonade molle

175 g/6 oz/1½ tasses de flocons d'avoine

100 g/4 oz/1 tasse de noix mélangées hachées

Faire fondre le beurre ou la margarine avec le sirop et le sucre, puis incorporer les flocons d'avoine et les noix. Presser dans un moule carré graissé de 20 cm/8 po (moule) et cuire au four préchauffé à 180°C/350°F/thermostat 4 pendant environ 20 minutes jusqu'à ce qu'ils soient légèrement dorés. Laisser refroidir un peu avant de découper en barres, puis laisser refroidir complètement dans le moule avant de démouler.

Sablés Au Citron

Donne 16

100 g/4 oz/1 tasse de farine ordinaire (tout usage)

100 g/4 oz/½ tasse de beurre ou de margarine, ramolli

75 g/3 oz/½ tasse de sucre à glacer (à confiserie), tamisé

2,5 ml/½ cuillère à café de levure chimique

Une pincée de sel

30 ml/2 cuillères à soupe de jus de citron

10 ml/2 c. à thé de zeste de citron râpé

Mélanger la farine, le beurre ou la margarine, le sucre glace et la levure chimique. Presser dans un moule carré graissé de 23 cm/9 et cuire au four préchauffé à 180°C/350°F/thermostat 4 pendant 20 minutes.

Mélanger le reste des ingrédients et battre jusqu'à consistance légère et mousseuse. Verser sur la base chaude, réduire la température du four à 160°C/325°F/thermostat 3 et remettre au four pendant 25 minutes supplémentaires jusqu'à ce qu'il soit élastique au toucher. Laisser refroidir, puis couper en carrés.

Carrés moka et noix de coco

Donne 20

1 oeuf

100 g/4 oz/½ tasse de sucre en poudre (superfin)

100 g/4 oz/1 tasse de farine ordinaire (tout usage)

10 ml/2 cuillères à café de levure chimique

Une pincée de sel

75 ml/5 cuillères à soupe de lait

75 g/3 oz/1/3 tasse de beurre ou de margarine, fondu

15 ml/1 cuillère à soupe de poudre de cacao (chocolat non sucré)

2,5 ml/½ cuillère à café d'essence de vanille (extrait)

Pour la garniture :

75 g/3 oz/½ tasse de sucre à glacer (à confiserie), tamisé

50 g/2 oz/¼ tasse de beurre ou de margarine, fondu

45 ml/3 cuillères à soupe de café noir fort et chaud

15 ml/1 cuillère à soupe de poudre de cacao (chocolat non sucré)

2,5 ml/½ cuillère à café d'essence de vanille (extrait)

25 g/1 oz/¼ tasse de noix de coco desséchée (râpée)

Battre ensemble les œufs et le sucre jusqu'à consistance légère et mousseuse. Incorporer la farine, la levure chimique et le sel en alternant avec le lait et le beurre fondu ou la margarine. Incorporer le cacao et l'essence de vanille. Verser le mélange dans un moule à gâteau carré graissé de 20 cm/8 po (moule) et cuire au four préchauffé à 200°C/400°F/thermostat 6 pendant 15 minutes jusqu'à ce qu'il soit bien levé et souple au toucher.

Pour la garniture, mélangez le sucre glace, le beurre ou la margarine, le café, le cacao et l'essence de vanille. Étaler sur le gâteau chaud et saupoudrer de noix de coco. Laisser refroidir dans le moule, puis démouler et couper en carrés.

Bonjour Dolly Cookies

Donne 16

100 g/4 oz/½ tasse de beurre ou de margarine

100 g/4 oz/1 tasse de biscuit digestif

(craquelin Graham) miettes

100 g/4 oz/1 tasse de pépites de chocolat

100 g/4 oz/1 tasse de noix de coco desséchée (râpée)

100 g/4 oz/1 tasse de noix, hachées

400 g/14 oz/1 grande boîte de lait concentré

Faire fondre le beurre ou la margarine et incorporer les miettes de biscuits. Presser le mélange dans le fond d'un moule à cake graissé et chemisé de papier aluminium 28 x 18 cm/11 x 7 (moule). Saupoudrer de pépites de chocolat, puis de noix de coco et enfin de noix. Verser le lait concentré sur le dessus et cuire au four préchauffé à 180°C/350°F/thermostat 4 pendant 25 minutes. Couper en barres encore chaud, puis laisser refroidir complètement.

Barres aux noix et chocolat à la noix de coco

Donne 12

75 g/3 oz/¾ tasse de chocolat au lait

75 g/3 oz/¾ tasse de chocolat nature (mi-sucré)

75 g/3 oz/1/3 tasse de beurre d'arachide croquant

75 g/3 oz/¾ tasse de chapelure de biscuits digestifs (craquelins Graham)

75 g/3 oz/¾ tasse de noix, concassées

75 g/3 oz/¾ tasse de noix de coco desséchée (râpée)

75 g/3 oz/¾ tasse de chocolat blanc

Faites fondre le chocolat au lait dans un bol résistant à la chaleur posé sur une casserole d'eau frémissante. Étaler sur le fond d'un moule carré de 23 cm/7 et laisser reposer.

Faire fondre doucement le chocolat noir et le beurre de cacahuète à feu doux, puis incorporer les miettes de biscuits, les noix et la noix de coco. Étaler sur le chocolat pris et réfrigérer jusqu'à ce qu'il soit pris.

Faites fondre le chocolat blanc dans un bol résistant à la chaleur posé sur une casserole d'eau frémissante. Arroser les biscuits en un motif, puis laisser reposer avant de couper en barres.

Carrés aux noisettes

Donne 12

75 g/3 oz/¾ tasse de chocolat nature (mi-sucré)

50 g/2 oz/¼ tasse de beurre ou de margarine

100 g/4 oz/½ tasse de sucre en poudre (superfin)

2 oeufs

5 ml/1 cuillère à café d'essence de vanille (extrait)

75 g/3 oz/¾ tasse de farine ordinaire (tout usage)

2,5 ml/½ cuillère à café de levure chimique

100 g/4 oz/1 tasse de noix mélangées hachées

Faites fondre le chocolat dans un bol résistant à la chaleur au-dessus d'une casserole d'eau frémissante. Incorporer le beurre jusqu'à ce qu'il soit fondu, puis incorporer le sucre. Retirer du feu et incorporer les œufs et l'essence de vanille. Incorporer la farine, la levure et les noix. Verser le mélange dans un moule carré graissé de 25 cm/10 et cuire au four préchauffé à 180°C/350°F/thermostat 4 pendant 15 minutes jusqu'à ce qu'il soit doré. Couper en petits carrés encore chaud.

Tranches de pacanes à l'orange

Donne 16

375 g/13 oz/3¼ tasses de farine ordinaire (tout usage)

275 g/10 oz/1¼ tasses de sucre en poudre (superfin)

5 ml/1 cuillère à café de levure chimique

75 g/3 oz/1/3 tasse de beurre ou de margarine

2 œufs battus

175 ml/6 fl oz/¾ tasse de lait

200 g/7 oz/1 petite boîte de mandarines, égouttées et hachées grossièrement

100 g/4 oz/1 tasse de noix de pécan, hachées

Zeste finement râpé de 2 oranges

10 ml/2 c. à thé de cannelle moulue

Mélanger ensemble 325 g/12 oz/3 tasses de farine, 225 g/8 oz/1 tasse de sucre et la levure chimique. Faire fondre 50 g/2 oz/¼ tasse de beurre ou de margarine et incorporer les œufs et le lait. Mélanger doucement le liquide dans les ingrédients secs jusqu'à consistance lisse. Incorporer les mandarines, les noix de pécan et le zeste d'orange. Verser dans un moule beurré et chemisé de 30 x 20 cm/12 x 8 dans un moule (moule). Frotter le reste de farine, le sucre, le beurre et la cannelle et saupoudrer sur le gâteau. Cuire au four préchauffé à 180°C/350°F/thermostat 4 pendant 40 minutes jusqu'à ce qu'ils soient dorés. Laisser refroidir dans le moule, puis couper en 16 tranches environ.

Parkin

Donne 16 carrés

100 g/4 oz/½ tasse de saindoux (shortening)

100 g/4 oz/½ tasse de beurre ou de margarine

75 g/3 oz/1/3 tasse de cassonade molle

100 g/4 oz/1/3 tasse de sirop doré (maïs léger)

100 g/4 oz/1/3 tasse de mélasse noire (mélasse)

10 ml/2 cuillères à café de bicarbonate de soude (bicarbonate de soude)

150 ml/¼ pt/2/3 tasse de lait

225 g/8 oz/2 tasses de farine complète (de blé entier)

225 g/8 oz/2 tasses de flocons d'avoine

10 ml/2 c. à thé de gingembre moulu

2,5 ml/½ cuillère à café de sel

Faire fondre le saindoux, le beurre ou la margarine, le sucre, le sirop et la mélasse dans une casserole. Dissoudre le bicarbonate de soude dans le lait et mélanger dans la casserole avec le reste des ingrédients. Verser dans un moule carré graissé et chemisé de 20 cm/8 po (moule) et cuire au four préchauffé à 160°C/325°F/thermostat 3 pendant 1 heure jusqu'à consistance ferme. Il peut couler au milieu. Laisser refroidir, puis conserver quelques jours dans un contenant hermétique avant de couper en carrés et de servir.

Barres de beurre de cacahuète

Donne 16

100 g/4 oz/1 tasse de beurre ou de margarine

175 g/6 oz/1¼ tasses de farine ordinaire (tout usage)

175 g/6 oz/¾ tasse de cassonade molle

75 g/3 oz/1/3 tasse de beurre d'arachide

Une pincée de sel

1 petit jaune d'oeuf, battu

2,5 ml/½ cuillère à café d'essence de vanille (extrait)

100 g/4 oz/1 tasse de chocolat nature (semi-sucré)

50 g/2 oz/2 tasses de céréales de riz soufflé

Frotter le beurre ou la margarine dans la farine jusqu'à ce que le mélange ressemble à de la chapelure. Incorporer le sucre, 30 ml/2 cuillères à soupe de beurre de cacahuète et le sel. Incorporer le jaune d'œuf et l'essence de vanille et mélanger jusqu'à homogénéité. Presser dans un moule carré de 25 cm/10 po (moule). Cuire au four préchauffé à 160°C/325°F/thermostat 3 pendant 30 minutes jusqu'à ce qu'ils soient levés et souples au toucher.

Faites fondre le chocolat dans un bol résistant à la chaleur au-dessus d'une casserole d'eau frémissante. Retirer du feu et incorporer le reste de beurre de cacahuète. Incorporer les céréales et bien mélanger jusqu'à ce qu'elles soient enrobées du mélange de chocolat. Verser sur le gâteau et égaliser la surface. Laisser refroidir, puis réfrigérer et couper en barres.

Tranches de pique-nique

Donne 12

225 g/8 oz/2 tasses de chocolat nature (mi-sucré)

50 g/2 oz/¼ tasse de beurre ou de margarine, ramolli

100 g/4 oz/½ tasse de sucre en poudre

1 œuf, légèrement battu

100 g/4 oz/1 tasse de noix de coco desséchée (râpée)

50 g/2 oz/1/3 tasse de raisins secs (raisins dorés)

50 g/2 oz/¼ tasse de cerises glacées (confites), hachées

Faites fondre le chocolat dans un bol résistant à la chaleur posé sur une casserole d'eau frémissante. Verser dans le fond d'un moule à cake beurré et chemisé de 30 x 20 cm/12 x 8 dans un moule à cake (moule à jelly roll). Crémer ensemble le beurre ou la margarine et le sucre jusqu'à consistance légère et mousseuse. Ajouter progressivement l'œuf, puis incorporer la noix de coco, les raisins secs et les cerises. Étaler sur le chocolat et cuire au four préchauffé à 150°C/300°F/thermostat 3 pendant 30 minutes jusqu'à ce qu'il soit doré. Laisser refroidir, puis couper en barres.

Barres à l'ananas et à la noix de coco

Donne 20

1 oeuf

100 g/4 oz/½ tasse de sucre en poudre (superfin)

75 g/3 oz/¾ tasse de farine ordinaire (tout usage)

5 ml/1 cuillère à café de levure chimique

Une pincée de sel

75 ml/5 cuillères à soupe d'eau

Pour la garniture :

200 g/7 oz/1 petite boîte d'ananas, égoutté et haché

25 g/1 oz/2 cuillères à soupe de beurre ou de margarine

50 g/2 oz/¼ tasse de sucre en poudre (superfin)

1 jaune d'oeuf

25 g/1 oz/¼ tasse de noix de coco desséchée (râpée)

5 ml/1 cuillère à café d'essence de vanille (extrait)

Battre ensemble l'œuf et le sucre jusqu'à ce qu'ils soient clairs et pâles. Incorporer la farine, la levure chimique et le sel en alternant avec l'eau. Verser dans un moule à gâteau carré graissé et fariné de 18 cm/7 et cuire au four préchauffé à 200°C/400°F/thermostat 6 pendant 20 minutes jusqu'à ce qu'il soit bien gonflé et souple au toucher. Verser l'ananas sur le gâteau chaud. Chauffer le reste des ingrédients de la garniture dans une petite casserole à feu doux, en remuant continuellement jusqu'à ce que le tout soit bien mélangé sans laisser bouillir le mélange. Verser sur l'ananas, puis remettre le gâteau au four pendant 5 minutes supplémentaires jusqu'à ce que la garniture devienne dorée. Laisser refroidir 10 minutes dans le moule, puis démouler sur une grille pour finir de refroidir avant de découper en barres.

Gâteau à la levure de prune

Donne 16

15 g/½ oz de levure fraîche ou 20 ml/4 c. à thé de levure sèche

50 g/2 oz/¼ tasse de sucre en poudre (superfin)

150 ml/¼ pt/2/3 tasse de lait chaud

50 g/2 oz/¼ tasse de beurre ou de margarine, fondu

1 oeuf

1 jaune d'oeuf

250 g/9 oz/2¼ tasses de farine ordinaire (tout usage)

5 ml/1 c. à thé de zeste de citron finement râpé

675 g/1½ lb de prunes, coupées en quartiers et dénoyautées (dénoyautées)

Sucre à glacer (de confiserie), tamisé, pour saupoudrer

Cannelle moulue

Mélanger la levure avec 5 ml/1 c. à thé de sucre et un peu de lait chaud et laisser reposer dans un endroit tiède pendant 20 minutes jusqu'à ce qu'il soit mousseux. Fouetter le sucre et le lait restants avec le beurre fondu ou la margarine, l'œuf et le jaune d'œuf. Mélanger la farine et le zeste de citron dans un bol et creuser un puits au centre. Incorporer graduellement le mélange de levure et le mélange d'œufs pour former une pâte molle. Battre jusqu'à ce que la pâte soit très lisse et que des bulles commencent à se former à la surface. Presser délicatement dans un moule carré beurré et fariné de 25 cm/10. Disposer les prunes serrées les unes contre les autres sur le dessus de la pâte. Couvrir d'un film alimentaire huilé (film plastique) et laisser dans un endroit chaud pendant 1 heure jusqu'à ce qu'il double de volume. Placer dans un four préchauffé à 200°C/400°F/thermostat 6, puis réduire immédiatement la température du four à

190°C/375°F/thermostat 5 et cuire 45 minutes. Réduire à nouveau la température du four à 180°C/350°F/thermostat 4 et cuire encore 15 minutes jusqu'à ce qu'ils soient dorés. Saupoudrer le gâteau de sucre glace et de cannelle encore chaud, puis laisser refroidir et couper en carrés.

Barres américaines à la citrouille

Donne 20

2 oeufs

175 g/6 oz/¾ tasse de sucre en poudre (superfin)

120 ml/4 fl oz/½ tasse d'huile

225 g/8 oz de citrouille cuite en dés

100 g/4 oz/1 tasse de farine ordinaire (tout usage)

5 ml/1 cuillère à café de levure chimique

5 ml/1 c. à thé de cannelle moulue

2,5 ml/½ cuillère à café de bicarbonate de soude (bicarbonate de soude)

50 g/2 oz/1/3 tasse de raisins secs (raisins dorés)

Glaçage au fromage

Battre les œufs jusqu'à consistance légère et mousseuse, puis incorporer le sucre et l'huile et incorporer la citrouille. Incorporer la farine, la poudre à pâte, la cannelle et le bicarbonate de soude jusqu'à homogénéité. Incorporer les raisins secs. Verser le mélange dans un moule à manqué beurré et fariné de 30 x 20 cm/12 x 8 dans un moule à manqué (moule à pâtisserie) et cuire au four préchauffé à 180°C/350°F/thermostat 4 pendant 30 minutes jusqu'à ce qu'un cure-dent soit inséré au centre ressort propre. Laissez refroidir, puis tartinez de glaçage au fromage à la crème et coupez en barres.

Barres aux coings et aux amandes

Donne 16

450 g de coings

50 g/2 oz/¼ tasse de saindoux (shortening)

50 g/2 oz/¼ tasse de beurre ou de margarine

100 g/4 oz/1 tasse de farine ordinaire (tout usage)

30 ml/2 cuillères à soupe de sucre en poudre (superfin)

Environ 30 ml/2 cuillères à soupe d'eau

Pour le remplissage:
75 g/3 oz/1/3 tasse de beurre ou de margarine, ramolli

100 g/4 oz/½ tasse de sucre en poudre (superfin)

2 oeufs

Quelques gouttes d'essence d'amande (extrait)

100 g/4 oz/1 tasse d'amandes moulues

25 g/1 oz/¼ tasse de farine ordinaire (tout usage)

50 g/2 oz/½ tasse d'amandes effilées (émincées)

Épluchez, épépinez et émincez finement les coings. Placer dans une casserole et juste couvrir d'eau. Porter à ébullition et laisser mijoter environ 15 minutes jusqu'à ce qu'ils soient tendres. Égoutter tout excès d'eau.

Frotter le saindoux et le beurre ou la margarine dans la farine jusqu'à ce que le mélange ressemble à de la chapelure. Incorporer le sucre. Ajouter juste assez d'eau pour mélanger à une pâte molle, puis étaler sur une surface légèrement farinée et utiliser pour tapisser le fond et les côtés d'un moule à pâtisserie de 30 x 20 cm/12 x 8 pouces (moule à pâtisserie). Piquer partout avec une fourchette. A l'aide d'une écumoire, disposer les coings sur la pâte.

Crémer ensemble le beurre ou la margarine et le sucre, puis incorporer progressivement les œufs et l'essence d'amande. Incorporer la poudre d'amandes et la farine et verser sur les coings. Saupoudrer les amandes effilées sur le dessus et cuire au four préchauffé à 180°C/350°F/thermostat 4 pendant 45 minutes jusqu'à ce qu'elles soient fermes et dorées. Couper en carrés une fois refroidi.

Lightning Source UK Ltd.
Milton Keynes UK
UKHW020646140621
385483UK00011B/574